通用汽车前副总裁眼中的领导者

Icons and Idiots:
Straight Talk on Leadership

（美）鲍勃·卢茨（Bob Lutz）著
陈娟然 齐亮 译

图书在版编目（CIP）数据

偶像与傻瓜：通用汽车前副总裁眼中的领导者 /（美）卢茨（Lutz,B.）著；陈娟然，齐亮译 .—北京：中国电力出版社，2014.8

书名原文：Icons and idiots : Straight talk on leadership

ISBN 978-7-5123-5923-9

Ⅰ .①偶… Ⅱ .①卢… ②陈… ③齐… Ⅲ .①企业领导学 Ⅳ .① F272.91

中国版本图书馆 CIP 数据核字（2014）第 108677 号

This edition published by arrangement with Portfolio, a member of Penguin Group (USA) arranged through Andrew Nurnberg Associates International Ltd.

京权图字：01-2013-9098

中国电力出版社出版、发行

北京市东城区北京站西街 19 号　100005　http: //www.cepp.sgcc.com.cn

责任编辑：董小梅

责任校对：崔燕菊　责任印制：赵　磊

汇鑫印务有限公司印刷 · 各地新华书店经售

2014 年 8 月第 1 版 · 2014 年 8 月北京第 1 次印刷

700 mm × 1000 mm　16 开本 · 12.75 印张 · 140 千字

定价：35.00 元

前言

本书的主题是领导者和领导力。我没有给出什么“妙方”，这本书只是总结了我六十多年来对各种领导者的切身观察：有些领导者总是能够鼓舞员工们的士气；有些领导者经常会不讲道理，曾让我在如何讨他们的欢心上费尽心思；还有一些领导者则翻脸比翻书还快，有时让我不禁感到不可思议——到底他们是如何被提拔成领导的。

回顾自己的光辉历史时，我总是试图分析一些事情：比如是什么让这些领导者成功的；又比如为什么有些我当时觉得很愚蠢的行为，放到现在来看丝毫不会影响领导者的丰功伟绩。这感觉就像在看精彩的电视剧时出现了“雪花”画面一样，当时恼人，但总体无伤大雅。

我将一一回顾我经历过的那些前任老板，他们有的道德败坏、反应迟钝、四处树敌，甚至还顺手拿走旅馆或公司里的好东西。我也将对那些没做多少工作却能稳居高位的老板们的思想一探究竟（在我看来，比起胡乱指挥，这类老板们终日坐在办公室无所事事也算是一种优点）。我还会谈到另外一种老板，他们能够一眼看懂天书般的公司损益表或者资产负债表，但有时竟搞不懂公司在现实社会中是如何赚钱的。

回顾他们的个性和心理特质时，我时常问自己，是否真的会有完美的领导者——道德高尚，眼光长远，做事稳重，说话简明，头脑清醒，处惊不乱，关键时刻可以挺身而出、为公司掌舵。这样的领导做事风格坚定一致，对工作表现优异的人不吝赞美，对做事差强人意的人善于指正，对惯于玩忽职守的人勇于批判。当然，最重要的还是他们所取得的成果——领导者有没有成功地实现制定的目标？帕里斯岛[1]上的教官能否把那群愣头青训练成时刻准备战斗的海军陆战队员？高中老师有没有把精湛技能传授给学生、让他们在未来的学习和工作中斩获佳绩？老板们最后到底有没有成功地为股东赚来钞票？

面对上面所提出的问题，本书中各式各样的领导者最终交出了满意的答卷。尽管他们都各有人格缺陷，有些甚至差劲到令人发指的程度，但是这些男人们都成功了（我没有和女领导共事过，因此对女性没有发言权）。

尽管本书里的一些趣事、逸闻会让大家觉得这些成功男人们竟然如此滑稽可笑，甚至有时我想起这些不堪回首的往事时，都觉得曾为他们工作的自己就是个倒霉蛋，但是我可没有要恶毒攻击或者打击报复的意思。时间让一切愤怒和不满都消散了，现在我觉得他们本质上都是好人。当然，我想做的是通过揭示领导者的人性弱点，以及他们大多数人的成功之路，为读者展开一幅关于杰出领导者的炫彩画卷。

---

[1] 美国海军陆战队训练基地，位于南卡罗莱那州。——本书脚注均为译者注，后文不再标识

我觉得本书想表达的核心内容就是：不是随便哪个“张三”、“李四”都能当好领导。已故的史蒂夫·乔布斯，应该算是我们这个时代最成功的商业领袖了，却也常常被说成是一个绝不妥协、反复无常、处事不公、缺乏耐性、稍有不满倔脾气就爆发出来的人，可见成功的领导者在精神上或情绪上往往是不寻常的。话又说回来，这也是他们异于常人而能取得成功的关键。他们总有一些特质令人难以理解或与之共事。但也正是因为缺乏耐性、顽固不化、固执己见、永不满足、专横跋扈，他们才能成功。

志向远大的领导者必须、也肯定能从这些人身上学到点什么，取其精华、去其糟粕，然后在工作中加以运用。领导力可以通过后天修炼提升，一定要铭记：你也许为人不够圆滑，甚至有时蛮不讲理，但这并不意味着你无法成为一个杰出的领袖。

瑕不掩瑜，你要始终努力带来正能量。

目录

第1章

乔治－安德烈·谢瓦拉茨

这家伙还是高中老师的时候做了些什么？

1952年的夏末，我在高等商业学院[1]学习。这所学校位于洛桑，瑞士法语区中的第二大城市。当时我在一个翻盖式书桌旁边坐了下来，和我一起的还有20多个从瑞士德语区来的书呆子。

我们到那里学习的原因归根到底都是没通过瑞士德语区的“高考”。具体原因五花八门：有些人说是因为患有所谓的“注意力缺失症”而无法集中精神学习，有些人则过于叛逆，有些人干脆就是不够聪明。我当时就属于那种既无法集中精神学习、又非常叛逆的孩子。

通常我们失望的父母得到的建议就是“你看，你孩子没法通过德语区的‘高考’，为什么不送他们去法语区呢？法语区对学生的要求比较低，纪律嘛也不是很严格……反正你知道的，法语区总是那样子的。另外，孩子们在那儿还能学会法语”。

上课铃一响，乔治－安德烈·谢瓦拉茨大步走了过来。他是我们的班主任，负责教法语、商业文书、文学、法国与瑞士历史、商法等。除了会计、打字、数学和其他几个特殊的科目以外，他什么都负责教。他个子不高，但很有气场。他一出现，就掌控了整个教室。我后来加入了美国海军陆战队，回想起谢瓦拉茨先生时更觉得他具备那种海军陆战队员的“威严”，这是一种很难定义的气质，只有那些充满自信、学识渊博、不容置疑的领袖们才有这种气场。

他的脸轮廓分明，蓝色的眼睛可以把人一眼看穿，就像好莱坞的英雄

---

[1] 高等商业学院（École Supérieure de Commerce）：在法语商校的校名中很常见，该类学校相当于大学等级，主要培养高级的法语公司或者政府职员。

男主角。事实上，一眼看去，他很像柯克 · 道格拉斯[1]。

他在高高的讲桌后面一站，全班都安静下来。他有着德裔瑞士人独有的目光，冷酷地把整个教室扫视了一圈。他用法语讲道："女士们，先生们，欢迎来到这里。我将教授你们应该学习的一切。我是个出色的老师，你们必须时刻集中注意力，并且对我保持尊敬；我决不允许任何人在课上讲话、打闹、不认真听讲；作业要按时完成，字体要工正，书本要整洁；考试有提前公布的，也有临时安排的；有口试，也有笔试。在这里，所有人都要按我说的去做。另外，出于对老师的尊敬和对我工作的尊重，我一进教室，所有人都要起立；我坐下，你们才能坐下。你们都听懂了吗？现在不明白的可以提问。好吧，没有人举手，我们开始上课。"

我们都惊呆了。这就是我们逃到法语区所盼望得到的"更加友善、宽容"的环境？后来我们才知道，谢瓦拉茨先生在假期里还是一名最年轻的瑞士陆军预备队的校级军官。瑞士军队以其高效而闻名，难怪他一贯高标准严要求，禁止一切懒散的行为。

如果用戴高乐回忆录里的语气来描绘这种场景的话，就应该是：谢瓦拉茨先生，坐在高高的位子上，用他领袖般的嗓音朗读着学生们前一天上交的作文，一边读一边改正其中的错误。这通常都是那种不可冒犯的圣人们才做的事情。

他说话时就像这样：

看吧，又一个出错大师的杰作。我一看你这张脸，就知道你在等我

[1] 柯克·道格拉斯（Kirk Douglas）：20 世纪 50、60 年代著名的好莱坞硬汉型巨星。

夸你写作文时出现的各种高级错误，这点你可不必谦虚。你写作文的时候一定是在梦游吧，各种语法和句法错误真是层出不穷。你写作之前哪怕瞄一眼作文题目也行，难道你像之前那样胡说八道习惯了，所以这次就想都没想又重来一次？如果不是想对得起我的工作、表现称职的话，我连看都不看，直接就把你写的这些垃圾“作文”扔到废纸篓里去了。你的作业不及格！

这里还有一篇，看来是斯特雷夫小姐写的。写的倒是很多，可惜你要么是不够努力，要么是没动脑子，或者两者兼有，否则怎么会写得如此一塌糊涂？读你的文章，就像喝没放盐的烂菜汤，色香味一概都没有，读了跟没读一样！你的作业评分是D-。

就这样，他对每个学生都一一点评。谁写了好文章就会得到表扬，看到特别优秀的篇章，他就大声读出来，让所有人学习和欣赏。但即使是给出了最好的评价，他同时也提出建设性的批评意见，指出几种可替换的词汇，让学生回去修改。最后他也从不忘记讲一下，如果他来做这个题目，会怎样组织内容，能让文章既有很强的可读性，又表达了中心思想。

虽然他的批评不留情面，但谢瓦拉茨先生还是有好的一面。批评之后，他也能花好几个小时来帮助那些长期落后的学生，让他们逐渐回到正轨，甚至取得超水平的进步。这样一来，后进生们得到帮助都心存感激，优等生得到表扬也会越变越强。谢瓦拉茨先生用公平公正的方式管束学生，培养他们的自尊心——这是美国教育系统一直试图却从来没有真正做到的。

包括我在内的年轻小伙子们都崇拜他，以至于当他用不屑的、讽刺的语气批评我们时，大家都能欣然接受并改正。女生们就更不用说了，一个个都暗恋他。怎么会有女生不喜欢他呢？他既充满智慧，又兢兢业业，再加上俊朗的面庞，自然令女孩子无法抗拒。尽管她们每天都暗送秋波，谢瓦拉茨先生却从未对女学生有过任何越轨的举动。在职业上，他真的是已经做到了极致。

面对这样完美的谢瓦拉茨先生，我当时很诧异：一个像他这样天资聪颖又充满领导气质的人，怎么会屈就在一个不起眼的学校里教书呢？他不想有所作为吗？他不想出人头地吗？当然，生于 1915 年的谢瓦拉茨先生，当时才三十五六岁，日后的时间还长，机会也有的是。只是我仗着自己年轻，把他想得过于“老”了。果然，他后来参与了政治，代表保守党参加了选举，1957 年成了洛桑市市长，直到 1973 年才卸任。

进入瑞士联邦政府后，他又被选入瑞士国会，1973 年入选瑞士联邦委员会，成为 7 人小组的成员，共同组成了瑞士政府的行政部门。1974~1979 年，谢瓦拉茨任瑞士财政部长，1980~1983 年任国防部长。由于联邦委员会的 7 名成员实行每年轮流名义总统制，1980 年谢瓦拉茨先生做了瑞士总统。

他写过几本书，其中包括《瑞士，还能继续安睡下去吗》（*Switzerland, or the Sleep of the Just*）和《中立国面临的挑战：1939—1945 瑞士的国防与外交》（*The challenge of Neutrality: Diplomacy and the Denfense of Switzerland, 1939—1945*）。

他能从高中老师做到国家总统，我一点都不意外！ 2002 年，87 岁的谢瓦拉茨先生与世长辞，先生在世的时候，我一直与他保持着联系，因为他是我人生中重要的精神导师。我在任欧洲福特汽车公司主席期间，还有幸代表谢瓦拉茨先生在洛桑市做了一次发言。

谢瓦拉茨先生的教学方式，在推崇柔性教学的现代人看来，是有很多问题的，有些老师甚至会认为他在智力方面存在恃强凌弱的恶行。他也许无法在当今的美国高中申请到什么职位，但是在20世纪50年代早期，欧洲处于战后恢复期，学生在如饥似渴地学习、老师在毫无保留地教育，所以他的教学方式能获得成功。

谢瓦拉茨先生的标准很高。我没有亲历他的政治生涯，不能妄加评论，但是他能从一个小职员火箭上升为国家总统，足以说明他是一个聪明、努力、坚持不懈达成目标的人。确实如此，作为一个带有典型传统风格的领导者，谢瓦拉茨先生的去世是我们的损失。李·艾柯卡[1]出版的最后一本书《领导们都到哪去了》（*Where Have All the Leaders Gone*）也提到了此事，李·艾柯卡为此表达了惋惜之情。谢瓦拉茨先生的课堂上从来不问我们的意见、也没有民主式的投票。他不把学生和自己平等看待，也不和大家打成一片。对于他来说，我们都是未经加工的原材料，经过他的打造将成为知识渊博、技艺精湛、品格优秀、做事专注的年轻人。当然不是每一名学生都能合格出厂，劣质品要被淘汰。帮助社会优胜劣汰也是领导者的职责之一。谢瓦拉茨先生十分清楚一点：任何人都能完成的事情并不能称为成就。

我居住的镇子上有一所中学，提出学校的使命是“要不分性别、种族、

---

❶ 李·艾柯卡（Lee Iacocca）：先后担任福特和克莱斯勒汽车公司的总裁，20世纪80、90年代美国商业界的偶像，本书后面的章节会写到他。

国籍，公平对待每一个学生，创造利于学习的环境，建立起学生恒久的自尊心”。相比之下，谢瓦拉茨先生应该会把自己的使命定为“把一切的文化知识、批判能力、对智慧的渴求以及优良品质传授给学生，教他们通过刻苦的努力全部掌握吸收；如果我成功了，他们的成就自然就会为他们建立起恒久的自尊心”。

谢瓦拉茨先生对我人生和事业上的影响要远远超过法语、法国历史和文学对我的影响。他无悔付出，执着地追求卓越，不断鼓励普通学生实现不平凡的理想，这都给我留下了深深的烙印。他既能用幽默的语言来赞美学生，也能让学生们感到一丝尴尬，来作为对他们犯错的一种惩罚。他的风格明显影响了我日后对自身领导行为的塑造过程。

唐纳德·朱斯托

美国海军陆战队参谋军士

12 周魔鬼式训练，把愣头青打造成海军陆战队精英。

1954 年从洛桑高等商业学院毕业之后，我刚 22 岁，正是年轻气盛的年纪（我学东西比较慢，而且瑞士的学制是 13 年半）。我父亲很慷慨，再一次资助了我，但是我们讲好了，这是父亲最后一次在教育上资助我（结果证明这次资助很成功）。我为了不让父亲失望，毅然飞往纽约，住在父母的朋友家里，然后进了当地的美国海军陆战队的新兵招募站。

一个很和蔼的中士问我想参加什么兵种。我曾经看过许多有关海军陆战队的大片，包括《浴血火海》❶，于是很迫切地回答“想成为一名海军陆战队战斗机飞行员”。

“小伙子不错，很有志气。你有大学的学位吗？没有？那你就不能直接进入航空组，但是你看，我可以给你两年的时间，参军以后你能立刻申请参加飞行训练，当然我觉得你肯定能申请到。”他当时故意隐瞒我，其实像我这样的士兵，申请的成功率只有大约千分之一，但是没关系，我签字了！

10 天后，我坐火车去南加利福尼亚州的耶马西镇，一同前往的，有从纽约东部来的一群头发油腻的小子；几个从罗德岛监狱来的少年犯，为了获取减刑到海军陆战队服役；还有几个看上去仪表整洁、眼神清澈的孩子。所有人都踌躇满志，特别是那些波多黎各人，亮着闪光的刀子，口口声声说绝对不会让那些教官们整倒自己。

可是当那些大声吼叫着的海军陆战队员们出现，把我们这些紧紧握住

---

❶ 浴血火海（Flying Leathernecks）：又名《太平洋航空作战》，1951 年上映的战争电影，主要讲述 1942 年二战中，美国与日本在太平洋瓜达康纳群岛进行的生死战斗。

干瘪行囊的愣头青拖出列车时，大家自信的口气很快就消失了。我们没做错什么事，可海军陆战队员们满脸怒气，一点儿都不讲理。我们很困惑，也很疲乏，不知所措，在如今很著名的“黄色脚印”[1] 上集合，然后被军士们押走。这些军士看见我们就尖声训斥，在他们眼里，我们这些蓬头垢面、衣衫不整的新人被送过来，仿佛就是征兵官倒给他们的“粪球”。几个小时以后，我们洗了澡，上交了所有个人物品（波多黎各人的刀子都被夺走，并被掰成了两段），理了近似光头的发型，艰难地举着海军陆战队配发的制服、操练器械、鞋子、靴子等物品，被赶进二战时期旧式的木制兵营。在接下来的 12 周里，这里就算是我们的“家”了。

就是在那个兵营里，临时管理员把我们交到了一个男人手里。用临时管理员的话说，这个男人将是我们的爹、妈、牧师、法官、耶稣、圣灵、上帝，如果需要的话，他还是我们的刽子手。这个男人就是海军陆战队参谋军士，唐纳德·朱斯托，同时也是一名高级教官。我们现在是编号 258-54 新兵排的人，也就是他的人了。

他大约 5 英尺高，块头很大，但是一点儿也不胖，肩宽胸阔，臀窄颈粗。他站得笔直而有力，军绿色的制服很合身，仿佛是从萨维尔街[2] 专门为他定做的。他的脸颊上颧骨突出，看起来比常人显老一些。假如不是太阳镜遮住的话（其实他喜欢和我们对视），会发现他的眼睛窄而聚光。很显然，他为接收了我们这批愣头青新人而感到很失望，“那些白痴一般的征兵官，

❶ 黄色脚印（Yellow Footprint）：如今海军陆战队新兵营著名的标志，进入新兵营时，每个新兵都站在一对黄色脚印上，排好队伍。

❷ 萨维尔街（Savile Row）：伦敦中心位置上流住宅区里的一条购物街，以传统的男士定制服装而闻名，是世界上顶级西服的手工缝制圣地。

为了征到足够数目的新兵，估计连自己的亲娘都能给我送过来”。

因为曾在朝鲜战场上被中国士兵打了一枪，所以当朱斯托军士看到一个亚洲面孔的新兵，就开始表达他对亚洲种族的憎恨。但是接下来，他倒也不会有偏向，很快说自己同时也讨厌黑人、犹太人、西班牙裔人以及白人，除非他们是海军陆战队员。在他看来，我们永远也成不了一名真正的海军陆战队员；对他来说，我们就是一群极品废物。

朱斯托参谋军士当年参加朝鲜战争时，从韩国人那里学了一种姿势——跪式坐姿。这个姿势对多数亚洲人都是挺舒服的（农村的人尤其喜欢，这在他们的文化里很正常），但是对西方人来说就很别扭，坐几分钟就痛得要死。因此，当他讲话的时候，我们不是像别人那样立正站好了听，而是被要求蹲坐着听。有的新兵痛苦不堪，试图坐下或者跪着，一旦被发现就要马上接受惩罚。更可恶的是，明明知道我们现在的身体状况不宜行军，他还命令我们围绕新训营[1]蹲着跳走——这叫做走“鸭子步”。当时的情景是这样的：一群来自不同种族的秃头小伙子，穿着松松垮垮的绿色军装，像一群鸭子一样摇摇摆摆地痛苦前进。“快走，你们这一堆粪球！别浪费时间，你以为今天都不用再做别的了吗！”大家赶紧加快了速度，臀部、脚踝、背部的肌肉都痛得不得了。

我们这群新兵里中间有个大块头的西班牙裔人，很快就受不了了，大胆挑战朱斯托军士的权威。当朱斯托又一次用猥亵不堪的话骂我们的时候，他向朱斯托扑了上去，但眨眼的工夫，就被放倒了。动作太快，我没看清，

[1] 新训营（Squad Bay）：新兵居住区域，包含铺设床位的一大块空地、一个厕所、一个教官帐篷、一个小的会议区域。

好像是他先被朱斯托打中，然后被踢了一脚，被膝盖顶了一下，又让朱斯托对准后脖梗子猛击了一下，最后他蜷缩在地上，全身痛苦地挣扎着，嘴里不断发出呻吟声。“还有人想跟我试试吗？”朱斯托军士大声吼道，“我们最好赶紧把这种问题都一次解决掉，趁着我刚刚热身完！那边那个小子，看上去挺壮的，过来啊，过来！”没人敢应他，大家都很害怕。朱斯托军士又赶紧俯身查看了一下倒在地上的新兵，确认他没有大碍，就又让他回去继续走“鸭子步”。

几周过去了，我们学到了很多有关海军陆战队的东西，也提升了自我。很显然，我们学了如何正确地行军（特别是在“密集队形操练”的时候，一个排的人跟另一个排的人面对面练习，两边的教官都不愿意输给对方），学习了“武器使用手册”，掌握了怎样认真操作精密复杂的、8 磅重的 M-1 步枪[1]。

但是我们还学会了一点，就是在我们的床铺前立正站好，纹丝不动地站几个小时。我们还知道了原来身体各项机能都是可以被计时的：无休止的站立只有在收到只有几个字的“5 分钟解手指令”时暂停一会儿，80 个新兵按照给定的时间，使用数量有限的小便器，解决完个人问题再回来继续站好。

有时，几个倒霉的新兵会在立正时喊道：“报告！士兵沃克请求与教官讲话。长官！”

---

[1] M-1 步枪（M-1 rifle）：又称加兰德步枪，由美国人约翰 · 加兰德于 1935 年设计，1936 年成为美军制式装备，是历史上第一种大量生产进入现役的半自动步枪，在美军参加二战和朝鲜战争时大量生产，是当时世界上公认最好的单兵武器之一。

“说吧，粪球！”

“长官，士兵沃克非常需要去洗手间！”

朱斯托参谋军士会看一眼手表再说道：“现在要上厕所？那你可麻烦了，粪球。下次的解手命令还要过 1 个小时才能下达。但是你也知道人们怎么说的，丢人也比憋着强！懂了吗？”

“是，长官。”

大约十分钟之后，站得笔直的沃克士兵开始颤抖，一股深色的尿液从他的腹股沟一直流到裤子上，漫过他的靴子，最后在干净的木地板上流了一摊。接下来，朱斯托军士对这种不讲卫生的恶习进行了批判，然后批判了喝太多水又控制不了自己身体的人，最后让这个士兵现场拖地清理。之后，再没有人敢在没有解手命令的时候去厕所了。

朱斯托参谋军士非常讲究卫生。新兵要每天清理两次小便器和马桶。但是为了让我们在战斗条件下也能养成这样的习惯，他不给我们任何工具，没有刷子，没有抹布，没有清洁粉。问朱斯托军士怎么办时，他只会说：“用你们精致的手干活吧，傻蛋们！”他给了我们一桶桶帕里斯岛上的细沙，让我们抓上一把，使劲抹在小便器和马桶的犄角旮旯处，再用水一冲，就连同我们的手也都冲干净了。在我自己家里，女仆们才干清理马桶的活，现在我却直接用手来做，心里特别不是滋味。我非常不想做，但是又害怕，所以还是不得不做。奇怪的是，在清理过几个小便器后，一切都变得很简单了：我的手没有了灼痛感，也不再受伤了。不过是些沙子、陶瓷和水罢了，其实没什么。从那开始，这份活就成了日常工作之一。

朱斯托参谋军士给我的训诫是：一个人不能因为讨厌、反感或者不喜欢执行任务的方式而完成不了任务。在战斗中，一个受伤严重的人也许会大量出血，别人因为觉得害怕和恶心，往往不愿意施救，但任务就是任务，必须对伤情亲手处置，即使沾满了血，也要尽可能地救他的命。用手清理马桶的日子里，我学到了很多东西，让我受用一生。以后在别人都躲开的时候，我却能处理需要面对一切污秽不堪的情况。

我们还学到了如何应对极度的疲劳并继续前进。有一天，我们按要求去军营商店❶，每人去买一瓶高乐氏❷。我们老老实实地去新训营后面的商店，然后带着高乐氏漂白剂回来。

然后，当我们在铺位前立正站着的时候，朱斯托军士的两个助理教官，戴维斯中士和盖根湃下士，带来了 4 桶细沙，并将沙子撒到了地板、床铺和柜箱上。他们撒完之后，站在营房一端的朱斯托军士，一手拿了一瓶漂白剂，双手一挥把瓶子撞碎，未稀释的漂白剂混着玻璃碴碎落在地板上。助理教官不断递瓶子给他，他慢慢穿过营房，一路敲碎更多的瓶子。不用说，虽然我们不敢随便扭头看，但这可怕的情景不看也能想象出来。我们都知道，最后肯定要我们去清理，但是怎么清理呢？

很简单！手脚支撑着趴在地上，用每个人小小的扫帚和簸箕来清理。大块的碎片，很容易看见；小的嘛，等它扎到你，你就发现它了。每个新兵的膝盖上都被数不清的玻璃碴割伤了，大家裤子的膝盖部位都出现了血斑，手上也都是血。没有稀释过的漂白剂，自然散发出毒气味道。好消息

---

❶ 军营商店：原文是 PX，即 Post Exchange，军营便利商店。

❷ 高乐氏（Clorox）：美国一家以漂白产品著名的公司，通常用该公司的名字指代漂白剂，主要成分是次氯酸钠。

是：每次一被割伤，立刻就消毒了，不用怕感染！整整2个小时，把人折磨得筋疲力尽。最后，地板终于干净了，沙子、玻璃和漂白剂都不见了。

朱斯托军士巡视了一遍，我们都觉得能通过他的检查。“好吧，外面集合！”80个新兵冲出门口，在外面柏油碎石马路上集合好。然后呢？我们真的没想到，再次回到营房内时，会看到这样的景象：更多的沙子被撒到各处，剩下的漂白剂也都跟它们的“前辈”那样碎在地上！不同的是，40个上下铺的寝具都散到地上，跟漂白剂以及沙子混在一块儿。大家的士气立刻变得难以形容的低落。对于一开始把这里弄乱弄脏、然后让我们收拾干净，有些机灵一点的新兵还能理解。但是我们已经完成前一个任务了，还流了血，这里好不容易已经干净了。但是现在，还要再收拾一次……这有什么道理呢？这时，天已经晚了，我们全身被漂白剂和血浸透了，红着眼睛，累得像一条狗一样。这就是一种难以置信的感觉……心里还琢磨着，朱斯托军士不能再让我们来第三次吧！可是，他们确实又重复过一次。筋疲力尽的我们，到了凌晨2点才把营房清理干净。

这一次我们学到的教训是“计划赶不上变化”，事情随时可能变得很糟糕。我们可以用尽时间、弹药甚至生命去打败一支敌军队伍，好不容易占领了有利地形，但是敌方也许会派来一支更好的队伍，在当天来把阵地重新夺回去。这时的海军陆战队员们，受了伤，吃了败仗，清点了伤亡人数，天色也晚了，肯定不能再进攻了。可是命令来了，如果上级要求反击，就要反击！他们会告诉自己，“没有比像清理两回营房更惨的事情了，反击又算得了什么呢？”勇敢面对失败、背叛和沮丧，在身心俱疲甚至弹尽粮绝的情况下坚持下去，才是一名合格的海军陆战队员。这次经历也让我看到，关键的时刻，我们的潜能都超乎想象。朱斯托军士让我们所有人看到了自身的潜力。

羞辱，不管是对个人还是集体，都只不过是教官们训练我们时使用的小技巧罢了。

海军陆战队员会被逐渐削弱其具有的对作战不利的公民意识、对往事的固执与忠诚，例如对学校的忠诚，对平民身份的朋友们的忠诚，甚至是对父母和亲人的忠诚。关于父母，朱斯托军士常常会玷污他们，说什么“妈咪”显然是在培养“后进生”方面做得很差，“后进生”们的底子这么差，让他现在训练我们的工作变得很困难。他阻止不了父母们把饼干什么的寄给新兵，但是这种行为被他认为是有害的，因为这会让新兵们回忆起母亲的厨艺和对他们的关爱。显然，这对培养一个未来的战士来说是无益的。为了防止这种现象继续发生，在有包裹寄过来的时候，朱斯托军士会要求新兵“允许”他打开包裹。一旦允许，他就用卡巴刀[1]撕开包裹，仔细检查，只要发现里面排列好的布朗尼蛋糕，就会把大部分拿出来留给自己和两位助理教官。而新兵作为合法的收件人，只能在立正站好的情况下，把剩下的几块现场吃掉。还没等新兵把感谢妈妈的明信片寄到家里，装食物的包裹就已经清空了。

还有一个关于妈妈的问题，就是“妈妈探亲日”。在朱斯托军士看来，妈妈们来到她们疼爱的儿子身边，无形中让新兵变得软弱，不符合海军陆战队硬汉的要求，更可怕的是，新兵们会直接缺席这一天的训练。但是按

---

❶ 卡巴刀（Ka-Bar）：纽约一家刀具公司的注册商标，现作为战斗刀具的统称，美国海军陆战队于 1942 年首次配备。

照规定，他必须告知，我们有让妈妈来探望的权利。（对我个人来说，这个权利是没有意义的，我妈才不会为了看我从瑞士飞过来。）

在传达消息的时候，朱斯托军士会很特别形象、仔细地指出，在做完“傍晚家务”后，我们都要待在新训营里。不管怎样，妈妈们仍然在附近时，朱斯托军士就会邀请她们去军士俱乐部。她们会被劝酒，差不多醉了以后，漂亮的那几个就会成为朱斯托军士性幻想的受害者。神奇的是，“妈妈探亲日”经常会有，妈妈们来了又走，却没有一个妈妈在新兵面前现过身。对新兵来说，这一天不过是又一个训练日而已。

剥夺睡眠、透支体力、羞辱人格、藐视人权和一切非海上生活……这些高压训练的技术，在几个世纪中已经被海军陆战队打磨得完美无缺了。所有的教官在教官学校里都掌握了这些技术，但是有些教官在执行起来会比别人更有热情。朱斯托军士就是一个教父级的折磨者！

在难熬的 12 周新训期过了一半的时候，这些被洗过脑的零基础新兵已经焕然一新，新的挑战就要开始了。

接下来的日子就不再是对公民意识的摧残了，而是对新海军陆战队员的塑造。用什么塑造呢？必备的武器技能、持久的体力、急救知识、对小单位战术的掌握、对密集队形操练和武器使用手册的学习。朱斯托军士的角色，从一个奴隶管理者变成了一个专业老师和教官，他每天花费数小时教我们海军陆战队的历史、传统、信息交流[1] 的规矩、军事审判统一法典、

---

❶ 信息交流（chain of command）：军队的专用术语，指每一级指战员只能与比自己高一级或低一级的人员进行（作战信息）交流，越级上报或越级下令均为不可。

队员对组织的热爱，还有海军陆战队有关任务、荣誉和奉献的指导原则。

在这期间，我曾离训一天，飞往查尔斯顿海军医院，检查我是否符合海军陆战队飞行员的身心适应性要求。我一到那里就接受了智力测试，很显然，结果表明我当初在纽约报名参军时遇见的那个征兵官想错了，尽管想必他当时只是忽悠了我而已。我最终被选上了，开始了飞行训练，成为了一名军官，执行海军陆战队飞行攻击任务，直到 1965 年才结束。我的任务在彭萨科拉地区，但是要到我完成了新兵训练之后才能去。我一回到查尔斯顿，朱斯托军士就让我去他的小办公室。当我告诉他，我觉得我表现不错，很有希望被选上时，他说，“好吧，不过这也太丢人了！你竟然成了空军的人了！我还以为有一天你能像我一样，成为一名像样的步兵军官呢！”

这是我有史以来（也是唯一一次）得到朱斯托军士最高的赞扬。作为一个滥用权力、低俗污秽、行为粗鲁、故意施暴、每天恐吓他人、讽刺他人的大师（虽然有时的确很有趣，但谁笑出来就惩罚谁），放到当今这个充满关爱、热心、爱与忍让的文明世界来看，他绝对不是一个合格的公民。即便放在今天的海军陆战队里，他也达不到合格的标准。

然而，除了 18%~20% 的人因为“心理原因”退出新训之外，没有人真正地受到永久的折磨。尽管这种折磨是痛苦的，但确实是军队需要的。温柔软弱、易受攻击的人，无法在实战中成为可靠的海军陆战队员。有趣的是，这种折磨在今天的新兵营里仍然存在。我们这帮坚持下来的人，都成了很不错的海军陆战队员，不少人在军队里留下来，发展得也不错。包括我在内的所有人都建立了一套永久的、可靠的道德体系，虽然世俗了一点，但却比很多宗教能带给人的还要多。

用已故的美国前总统罗纳德·里根的话说，“很多人终生都在问自己是否改变了世界，海军陆战队员们则没有这个问题”。

朱斯托军士成功地把好几个排的愣头青新兵们变成了骁勇善战的海军陆战队战士。

即使他的某些方法按照如今的海军陆战队法律来说是不允许的，我也能原谅他，他是我一生中遇到的伟大领导者之一。也许其他教官也在用同样的方法训练新兵，他们训练的新兵，不管时隔多久，也都不会忘记自己的教官。

朱斯托军士的特殊之处在于，他曾是“属于我”的教官。一个只有高中文凭的海军陆战队教官，能给我这种在大企业里工作多年的成功人士带来什么呢？我不客气地说，他教会我的比一个 MBA 学位给我的还要多！具体而言，他教给我任务、荣誉和奉献的价值所在，让我在困难面前坚韧不拔，让我明白身心经受苦难是成功的必由之路。他告诉了我，在成功的领导者那里，学历和智力都不是那么重要。意志力、专注力、自我牺牲的精神，以及为了更高目标勇于奋斗的精神才是最强大的力量。这种力量，不仅能让一个胆小的少年在战斗中有出色的表现，而且能驱使众多迷茫的员工在经常面临时间紧、任务重的巨大工作压力时，勇于挑战自我，最终获得成功。

第3章

罗伯特·“鲍勃”·瓦斯特勒

通用公司海外业务部策划部主管（1960~1965）

除了满嘴脏话，他还会说别的吗？

在海军陆战队服役 5 年之后，我进入加州大学伯克利分校的一个学院学习，现在那里叫哈斯商学院。我是一个海军陆战队预备队飞行员，同时还是一个真空吸尘器推销员，能够在校园里学习的同时养活自己，很是享受。1962 年，我以最高荣誉毕业，计划完成为期一年的欧洲学术工作之后，进入福特汽车公司。

作为银行家的父亲却认为我的选择很糟糕。“通用汽车公司怎么了？难道他们不要你吗？”“不是的，”我解释道，“通用不在西海岸面试新员工，他们发现加利福尼亚人都讨厌底特律，干不了几天就想回家，所以不爱来这里招人。”父亲觉得这个借口太烂了，又因为他曾在纽约开展银行业务的时候认识了弗雷德·唐纳，此人正好是通用的时任 CEO，于是父亲就直接起草了一份合同，启动了一系列面试，最终我得以在通用汽车海外业务部的策划部门做一名高级分析师。

我的起薪是 8000 美元——用今天缩水的美元来算当然很可笑，但那是在 1963 年，中产阶级的平均家庭支出是 35000 美元，汉堡包才 15 美分一个，每加仑汽油才 30 美分，一辆汽车平均才 2500 美元。所以，乘以 10 来算的话，我的起薪是相当不错的。我为此兴奋不已。

不知为何，时任通用汽车海外业务部策划部门的领导，瓦斯特勒[1]先生本人，竟然不知道我被招入的事情，当时他的团队里都是精英，这直接导致了我上班的那天他对我极不热情。我第一天上班，去向瓦斯特勒先生报

---

[1] 罗伯特·“鲍勃”·瓦斯特勒（Robert “Bob” Wachtler），原文在本章节中多使用其中间名“鲍勃”，但是因作者本人名为鲍勃·卢茨，后续章节中的多处也都叫鲍勃，因此将此人用其姓氏“瓦斯特勒”表示，以方便读者区分。

到。我好好打扮了一番，准备给他留下好印象。我敲了敲开着的门，就听到了他低沉洪亮的声音，“进来吧，该死的家伙！谁告诉你要敲门的？”他是个大块头，60 岁出头，仍然结实强壮，就像一个退役摔跤手或者职业的橄榄球中后卫，身形只是稍微有点走样。他有一头短短的白发，鼻子很高，颧骨突出，对应着突出的下巴，总之脸很大。他站了起来，身体虽然庞大但动作灵敏。他的头几乎没怎么动——只是躯体稍稍地动了一下，配合了头部的动作。

在我走向他的时候，他伸出了大大的手掌，就像一块中等尺寸的火腿那么大。他用力地抓住我的手，都把我抓疼了。“坐下！”他看上去心情不是很好，一屁股坐到真皮椅子里，隔着彩纸装饰着的桌子严厉地看着我，目光冷峻、眼睛一眨也不眨、异常严肃。“瞧，”他说道，“你不是我招来的……我也不需要你……我也没听人说让我用你。”（他说话不连贯，音量很高，语调却很平稳，几乎没有什么变化。）“但是我的老板，菲尔·科普林，说让我带带你，所以我就带带你吧。”

瓦斯特勒一边说着一边翻看文件，取出了我的档案，开始阅读我的简历。我之前在简历里写满了商学院里学到的专业词汇，因为我天真地以为这样会让我未来的老板眼前一亮，留下好印象。“瞧！”（这是他最喜欢的开场白）“我读了这鬼东西都快有六遍了，还是没读懂这些死长死长的单词都是啥意思。我猜你是在伯克利分校才学到了这么多超现代的新式垃圾吧。可是，在我这里，你那些东西屁用没有，因为我们在用老股东的方式开展工作。我给你的建议就是，如果你想在这里待下去超过一个星期的话，就把你学的那些垃圾都忘掉，然后按照我们的老路子干活。明白了吗？”

我有点儿愣住了：这是世界上最先进工业集团的国际规划职能部门，却被一个如此不尊重知识的家伙领导着，他还穿得跟刚刚在纽约下水道维修部干了一天脏活累活的人一样！我在著名的加州大学伯克利分校花了大把时间，才掌握了包括博弈论、多人博弈概率论、二次规划法、动态规划法、投影测量技术等在内的多种数学方法量化技术，到头来竟然一点儿用处都没有？

“去见一下克里斯·克里斯多夫先生，你以后要向他汇报。我向上帝祈祷，希望他能给你派点你不会搞砸的活。”这就是我与我人生中第一位非学术型、非军事型的领导者首次见面的过程。

我觉得策划部的产出和价值都不高，对公司来说可有可无，但是回想起来，瓦斯特勒能用他略带粗鲁的方式把话说清楚，也确实表明他很敢于说实话：他确实没什么文化，也确实理解不了我在简历里冒充博学者而用的学院派词汇。他承认对我未经他允许而被招进来一事很不满，但这也正好降低了他对我的期待值，告诉我这里的企业文化，让我明白应该以怎样的方式融入工作。这是一种经典的领导沟通方式，诚实而毫无禁忌。没有炫耀，没有粉饰，没有试图抬高自己的身价。只通过平实的交流，把残酷的事实说清楚。

多年以来，我都能得到老板看似满意的表扬，说的话也总是陈词滥调，但我明明在他们的语气里感受到了“我还不是特别满意”的潜台词。这让我常常渴望能得到像瓦斯特勒那样简单而直接的评价，跟他说话我就不会有任何不明确的地方。大多数领导者都不敢给出负面评论，他们担心会给下属会带来痛苦、愤怒、挫折的情绪，甚至让他们辞职走掉。所以他们宁愿委婉地说出来，然后就不再理会，在跟上级汇报时做出“已经就此跟下属谈过了”的样子。

瓦斯特勒不是一个公文写作的高手。如果要给某个高层领导写信，就要先让我去他的办公室把草稿交给他，确保稿件里传达了明确的信息，并且可以立刻打出来然后发出去。瓦斯特勒会接过来先认真看上几分钟，嘴唇微动，一遍一遍地读出来。“有些我还拿不准，”他会说，“这……还行……只是……有点过于有礼貌……我就是想让这狗娘养的知道，老子很不满意……但是不能说得太明显……你再改改。”

如果稿子达到他满意的话，他会说一句“啊哈”来表示通过。但是我改到第四遍的时候，他仍然没说那句话。瓦斯特勒会把每个直属的手下叫进来，当然也包括我和他衷心的女秘书。然后，他会详细地解释写这封信的目的、为什么目前为止还没有写好、怎么不好，接着让大家分组讨论，这六到八个人要提出各种修改意见，包括行文结构、开头语、流畅性、词汇、语气、语法等各方面的意见。这是一件苦差事，往往一段话就要改半个小时。一旦定稿了，瓦斯特勒会把集体合作的成果大声念出来，以此表明大家的辛苦是有成果的。生气的时候，他就愤怒地砸着会议桌，不是针对某个人，而是就那样满口脏话地叫骂。一旦念完了，他就会拍拍他耐心的秘书的手，然后在她身旁坐下来，把信交给她，用父亲一样的口气低声说“很抱歉让你听到那样的脏话了，亲爱的”。秘书也礼貌地点点头。她经历过无数次这种场面，忍受力强大，对他的那些举动有着很好的免疫力。

瓦斯特勒也不是不懂幽默，只是他的幽默可能总是带着些许种族歧视、性别歧视、同性恋歧视，甚至是物种歧视。别忘了那是 1963 年，他当时是个 60 岁出头的德裔白人，不能完全用现在的标准去看待他。

一天，我们正讨论在一个拉美国家建立皮卡生产线的问题。因为所有想在机动车行业里做大的国家都鼓励本土企业参与制造更多的汽车零部件，所以对我们这类美国企业来说，从当地寻找成本和质量都达标的生产商，是一项持续的难题。瓦斯特勒希望汽车后轴的主要生产任务外包出去，把铁铸机架、横向轴管之类的零部件都交给本土厂商来生产，然后把零部件运到通用的车间完成组装。

卡车部和质量组（这些都不对瓦斯特勒负责）的人很担心本土厂商铸造和成型的技术还太不成熟，更愿意把其他零部件生产外包出去，通用自己生产主轴并组装成型，再运到南美，他们到时直接就能安装到底架上。瓦斯特勒为此感到很不爽。他冷冷地看了对方一眼，猛拍了一下桌面，咖啡杯都弹了起来，他这才喃喃道："瞧……老子在这些国家待了好多年了，我跟你说，别想把组装好的主轴运到南美去，因为港口的那帮外国佬会从中刮掉不知道几层油水！"（当然他还是会对女秘书说："噢，很抱歉让你听到这些脏话，亲爱的！"）

会议室里的人都愣了几秒钟，但是作为从不按常理出牌的人，我还是大声笑了出来。我一笑，"鲍勃"·瓦斯特勒也开始笑，几秒过后，他又开始笑着猛砸桌子。"瞧，我们可不能太轻浮，都别笑了，都去认真干活吧！"我不记得那次讨论的结果是什么了，但是记住了瓦斯特勒那些有趣的话。

还有一次，他拿一个叫诺姆·希尼的下属开玩笑。总的来说，诺姆·希尼跟瓦斯特勒是两个极端。他身子瘦弱，戴着眼镜，声音柔和，着装讲究

（他的西服看起来像是普莱斯[1]或者是布克兄弟[2]的风格，休闲却不会太潮流，穿起来跟常春藤大学的教授似的），举止儒雅，说起话来字正腔圆而又彬彬有礼，从来听不到脏话。他跟说话结巴、粗声粗气、满嘴脏话的瓦斯特勒截然相反。通常当他们两个在一起时，彼此都会感觉不太舒服。

但他们确实还有一个共同点，那就是都带着助听器。那个年代的助听器都像硬币那么大，带着许多电线，粉红色肾脏形状的塑料外壳，挂在耳朵上端，耳后的线路就更多了，都连接到一个像两盒烟那么大的设备上，设备上端有音量控制按钮。这个“收音机”通常会被放在衬衣或夹克的口袋里。

那天，好像诺姆·希尼在瓦斯特勒的办公室在解释着什么，说话依旧跟老教授上课似的。“你能不能大声点儿说话？”瓦斯特勒吼道，“你嘟囔半天，我什么都听不到。”诺姆·希尼就建议鲍勃把助听器的音量提高一点儿。瓦斯特勒被激怒了，坚持说助听器没问题，用稍微委婉的语气让诺姆·希尼出去，把东西都写出来上交给他。

过了几天，瓦斯特勒召开了一次全体会议。我们都围在他长长的会议桌旁，但是诺姆·希尼没来参会。瓦斯特勒早就说了这次会议不同寻常，而诺姆·希尼又刚好不在，这无疑表明他开这次会议就是为了试图羞辱一下诺姆。“这家伙自以为知道怎么摆弄助听器，我今天非要让他知道其实他什么都不懂。等他来了，我就用平常的音量讲话，然后慢慢地让声音越

❶ 普莱斯（J.Press）：1902 年创办于耶鲁大学所在的纽黑文，是美国一个富有学院气质的品牌，服装都很正式，风格保守。

❷ 布克兄弟（Brooks Brothers）：1818 年创立的美国经典服装品牌，以上班族的西服为主，曾是贵族和常春藤名校毕业生青睐的品牌。

来越小。你们一开始也要用正常的音量跟我讲话，但是不能说得比我声音大，懂了吗？到最后，我们就只动嘴唇不出声！你们做得到吗？很好！”（他然后用父亲般慈祥的语气悄悄地告诉女秘书：“亲爱的，去把诺姆·希尼叫来。”）

诺姆·希尼进来坐下了。瓦斯特勒假装开始讨论一个问题，没说几句就开始放低音量。诺姆·希尼摸摸了他的夹克，悄悄地把助听器的音量调高。我们都开始一个个地低声讲话，诺姆·希尼就一次次地摸口袋调音量。最终，当我们都只动嘴唇不出声的时候，他只好最后一次调了调音量，可音量已经是最大了！

当瓦斯特勒看到这一幕时，他猛地敲了敲会议桌，用几乎能震碎杯子的声音吼道：“所以，这就是我们要做的事情！”毫不夸张地说，可怜的诺姆·希尼简直被吓得魂飞魄散。满脸疑惑的诺姆·希尼绝望地把音量调整好，感到无地自容，几乎要哭出来了。瓦斯特勒拍着大腿狂笑起来，我们其他人也极力地忍着不笑。我们合力对一个有“听力障碍”的人开这种玩笑，真的是让诺姆·希尼不得不难过的一件事情。那些日子里，瓦斯特勒讲了很多针对种族或残疾人的笑话，但上苍对人是公平的，瓦斯特勒的听力变得比希尼的更差。

温柔善良的读者们也许会问，这样一个没文化、没素质、没教养的领导，到底有什么用处呢？

答案很简单。在通用公司的大楼里，人们都死气沉沉、毫无活力，各部门之间倾轧严重，彼此都视为敌人，每一项工作都要拖好几个星期，每当你想做点什么就会有人来给你使绊子，最后就是大家都什么都没做。瓦斯特勒就是这里的大力士，他可以把所有人吓住，然后用心做事情。

好多次我都听见他朝着女秘书大吼：“亲爱的，给我接通财务部那个家伙的电话，给我的备忘录写得狗屁不通，真的是白痴！”接下来往往就是这样：“听着，我是瓦斯特勒。我读了你的备忘录，跟白痴写的没什么两样，唯一清楚的一点，就是你根本没好好写！我不会浪费时间跟你再解释一遍，你给我重写一遍！这一次你必须过我这关，明白了吗？你回家之前必须放在我办公桌上，写不完不许回家！”然后，他“咣”的一声挂了电话。

瓦斯特勒是充满创意和智慧的斗士，下属们则是他的力量源泉。他的要求很高，我们必须给他足够让他获胜的武器，他才会罢休。他端着我们给他的枪，用争吵、哄骗、威胁等战术，拼了命地四处战斗。如今，通用公司已经扩张到了世界各地的市场，几乎 70% 的生产车间都不在美国境内，这里绝对少不了鲍勃·瓦斯特勒的功劳。在那时的公司环境中，往往是达不到美国公司标准或者做了错事的员工才会被派往美国境外去工作，由此可知，在那种以美国为中心的思维模式下，瓦斯特勒仍能成功开辟海外市场，是多么艰辛的过程。

瓦斯特勒，这样一个浑身带着伤疤、既没文化、也没教养的老兵，却能带着一群没有战斗力的士兵，在那么多次疯狂的战斗中幸存下来，完成了自己的使命。

通用公司，还有我，都欠了他很多。

第4章

拉尔夫·梅森

亚当·欧宝[1] 股份公司管理委员会主席（1966~1970）

禁酒主义者最可怜的地方在于每天早晨8点醒来的时候，就知道今天一天都不带劲儿。

[1] 欧宝（OPEL）：1862年在德国创立，1929年美国通用买下了欧宝的80%的股份，欧宝正式成为通用的品牌。

拉尔夫·梅森在很多方面都标新立异。当时人们普遍认为通用海外业务部门（简称海外部）是独立而排外的，不愿意从美国总部学习技术或招纳人才，而他的出现也许是对这个理念的第一次反驳。确实，海外部的很多员工都是英国达特茅斯大学的毕业生，他们都按照传统的论资排辈的路子发展，先是去做个小销售，或是去组装车间做工，然后承担更多的责任，执行更多的任务，最后成为海外部三大品牌——欧宝、霍顿[1]和沃克斯豪尔[2]——之一的首席执行官。那时候，出身和社交礼仪确实对职业发展很重要。不管是什么岗位，真正的工作当然都是由本地员工们完成的，本地员工越来越多，也越来越能承担重要工作，但是这些员工从来不曾想过能在年轻时当上领导。

在拉尔夫·梅森到欧宝上任之前，欧宝的头儿就是属于“海外部派系”的。有个本地的高级职员，在跟这个领导开过会后没两天，就在跟我吃饭时抱怨起来。“我不明白，”他说，“我跟了他两天了，他说的全都是我们准备去的那家餐馆吃饭怎么样、在一个如何如何古老的城堡里、哪里的红酒他妈的有多好！难道就没有人跟他聊过关于汽车和工作的事吗？”当时我很老到，为了安慰他，我假装说还有很多年轻人都跟他一样，因为这个领导而感到沮丧。

他对“海外部派系”的不满，也是通用公司总部决心采用新政的原因之一：不再选用外表光鲜、仅满足于完成任务的海外部老油条，而是要挑

❶ 霍顿（Holden）：1856 年在澳大利亚创立，1914 年开始生产汽车，1931 年澳大利亚通用与其合并，霍顿正式成为通用的品牌。

❷ 沃克斯豪尔（Vauxhall）：英国本土品牌，1903 年开始生产汽车，1925 年美国通用将其收购，拥有了该品牌。

一个做事积极、主动出击、让我们都喜欢的家伙来掌管欧宝。(欧宝当时是通用第二大实体品牌，仅次于雪佛兰。)

于是，当时雪佛兰生产部的头儿拉尔夫 · 梅森带着他的妻子利娜来了。他们住进了亚当 · 欧宝股份公司提供的、位于德国吕塞尔斯海姆[1]的豪宅里。拉尔夫本人一句德语都不会，说实在的，他除了英语真的什么都不会说（大多数海外部的大学生实习生们都至少会一门外语）。在当时以美国为中心的通用公司里，很多人怀疑拉尔夫在上任之前根本就对欧宝一无所知。

但是，这对拉尔夫来说不算什么。6 英尺的身高，250 磅的体重，让拉尔夫这个大块头看起来像只海豚一样；他的脸很长，高高的额头让他整张脸呈椭圆形；他短短的红头发也无法遮盖他尖尖的大头。除了给人以“史上最长脸”的印象，60 岁出头的拉尔夫还没有明显的下巴，这无疑让他的脸看上去更长了。从他的下嘴唇到衬衣领，只有一条又肥又优雅的圆滑曲线。按照当时美国人的标准，他还不算“肥胖”，只能算“圆胖”、“块头大”或者“大肚子”。

拉尔夫来自美国乔治亚州，说话带有明显的南部口音，这给他的德国同事们造成了很大的理解障碍，因为他们已经听惯了那些“海外部—达特茅斯派系”的字正腔圆的英语。虽然他上任之后开过几次会议，但是我们还是不清楚他为什么会被派到这里。他的职业生涯中没有哪一条能让他胜任这一份工作：他从没有承担过产品开发的工作，没有参与过销售或市场部的工作，也没有综合型企业的管理经验。他是一路从生产部爬上来的，

---

[1] 亚当 · 欧宝股份公司（Adam Opel AG），以公司创始人亚当 · 欧宝命名，吕塞尔斯海姆（Rüsselsheim）是欧宝的诞生地。

仅此而已。再加上他对欧洲和德国一无所知，我们不禁都对他摇起了头。我们知道美国通用总部想要给海外部注入新的血液，改变一下海外部近亲繁殖的文化，但是为什么要派来这个总自称“从乔治亚州来的”家伙呢？答案很快就揭晓了：拉尔夫，和他可爱的妻子利娜一样，是个大酒鬼。

其实，这一点在拉尔夫开始与德国欧宝几个大经销商吃饭时就暴露了：他们吃饭时，拉尔夫总能喝得不省人事。他穿着昂贵的尖头皮鞋，脚尖朝下，就这么被我的销售团队里的两位高个子区域经理拖进旅馆电梯。利娜也喝得摇摇晃晃的，跟在他们三个后面，不停地嘟囔着“只要把他抬到房间的随便哪张床上去就好”。

那么，下面这些现象就不令人感到奇怪了：他几乎都是上午十点以后才进办公室，下午四点一过就开始紧张地瞄着手表看时间，然后突然说“不行了我得赶紧走了！还有一个重要的会议呢”。这所谓的重要会议，其实就是和利娜去一个时尚的法兰克福酒吧，名字叫做新吉姆酒吧。拉尔夫两口子就这么夜夜笙歌，每晚都喝得酩酊大醉，由司机和保安人员送回房间。

大家很快就明白这次人事调动的原因了：拉尔夫的酗酒问题让雪佛兰那边很头痛，所以按照通用论资排辈的传统，他就被“轮调”到了海外部。（大家于是将此理解为“美国通用肯定认为，这种人是达不到美国标准的，但却比海外部的所有人都强”。）

拉尔夫喝了酒就特别不老实。清醒的时候，他还是挺有趣的，每次会议开始时，他总会说几个下流的或是种族歧视的笑话（海外部员工在那年头都是清一色的白人，整个通用公司都是如此）。我在参加一次夜间聚会时发现，他一旦喝醉了，且不至于醉成一堆肉泥的时候，就会变成一个很恶心的人。之前醒着的时候还夸我人品好、工作也好，结果几杯威士忌下肚后，他就把我拽到一边说："你这头懒肥猪，快给我动起来！"

他一再地这么对我说话，还一字一句地说得特清楚，直到他快喝倒了才作罢。我觉得该回房间了，于是出于礼貌去跟他说晚安。

这时的拉尔夫独自坐在桌子旁，夹克也脱了，领带也松了，双肘撑在桌面上，手里还拿着酒杯。他慢慢抬起那张大脸，才意识到我的存在。"晚安，拉尔夫。跟你的谈话很愉快。"我说。他慢慢坐直身子，盯着我的眼睛看了一会儿，眼神严厉又柔和，说道："自以为聪明的家伙，给我滚开，你他妈骄傲个屁啊。"

还有一次，他还不是很醉的时候走向我，非要跟我说说他关于欧宝一款新产品的想法。我们马上要推出一款运动型豪华旅行车"欧宝准将"，他想把这款车叫做"旅程"，但是这次他非要表现自己已经融入欧洲文化，赶时髦，要押什么韵，把"旅程"叫做"驴程"。

"我们要叫它'驴程'。"

"抱歉，我没听懂……什么来着？"

"驴程！"

"我还是不太明白。你能再说一遍吗？"

"驴程！驴程！！驴程！！！你懂不懂法语啊？白痴！"

就这样，老板又对我不满意了，我又在对未来的惶恐中度过了一个夜晚。但是幸好在大醉了八九个小时以后，他肯定就不会再记得跟我的对话了。

拉尔夫就是喜欢喝酒，并以此为荣。"我就是爱喝几口，利娜也是。有时候，我们也琢磨着是否要戒酒了。但是，滴酒不沾是不行的，对吧？你知道不喝酒的人的烦恼吗？他们每天早上八点起来，就知道自己一天的生活这样没劲了！”说完，他就开始大声地笑，直到玩笑时间结束，他才会恢复一种严肃的神态，说：“好了，我们正式开会吧。”

拉尔夫后来因为一件不愉快的事情再也不去新吉姆酒吧了。好像有天晚上，他们夫妇正在那里乐着呢，利娜突然发现她的钱包不见了。她到处乱嚷着，说肯定是给哪个狗娘养的偷了去，一定是“在这里，在我身边的人”。拉尔夫坚持把警察叫来，酒吧经理也只好被迫对其他客人说“谁都不许离开”，直到警察搜查过每个人之后才能走。

大批的法兰克福警察来了，开始搜寻，结果在一个女厕所隔间的门上发现了挂着的钱包。也许利娜半小时前刚去过，回来以后就发现“小偷把钱包偷走了”。酒吧经理、警察、客人们都很不高兴。过了一会儿，拉尔夫就收到了新吉姆酒吧的一封正式信件，希望他不要再去光顾。多好的一个夜晚，就这么悲惨地结束了！

拉尔夫在会议上很少直接告诉大家要怎么做，他更喜欢写成报告。也许是欧宝那时运气好，当时的设计、工程、生产部门里都有不少有上进心的员工。拉尔夫既不懂销售，也不懂市场，我做本职工作的时候很少能跟他有什么冲突，或者说，他根本不关心我在做的事情。

我的办公室正好在他的办公室旁边，于是经常能在对讲机里听见他对我说：“鲍勃，让哈洛·盖奇跟我讲话。他想知道现在的情况。你马上来我办公室。”（盖奇是欧宝、沃克斯豪尔、霍顿品牌的区域经理。奇怪的是，在美国，每个区域总经理都是兼任公司副总经理的，而哈洛·盖奇，这个在欧洲掌管着三个品牌的区域经理，却还要向海外部的副总经理报告。这是海外部地位低下的又一个表现）。

因为电话没有免提功能，拉尔夫也不知道具体数据，就一边讲电话一边把他想要的胡乱写下来，比如“给我销售数据，这个月的份额”，我就在他故意拖延出的时间里把这些答案写给他，他再告诉哈洛 · 盖奇。“我想想……哈洛，我在这儿呢，我很清楚这些数据，但是我想给你更准确的数据。”他一边说，一边挥着手让我写得快一点。“好了，哈洛，我知道了，这数据看上去不错，就如我刚才所说。”然后，他会巧妙地解释一下他得到的信息，然后说些如“我在这里管理得不错，哈洛，相信我吧，我把鲍勃这几个小伙子们带得很好呢，相信我吧”的话。这种内容充实的电话往往能打半个小时，因为时差的关系，纽约的时间比吕塞尔斯海姆晚六个小时，所以拉尔夫会以“我要去法兰克福参加一个重要的会议”为理由结束通话，准备去把酒寻欢。

当然了，拉尔夫 · 梅森也不只是一个懒散酒鬼式的高层领导。该要他拿出勇气和坚韧品质的时候，他也是能顶上去的。就像所有的优秀领导者一样，一旦锁定一个正确无误的决策，他就会坚持到底。举个例子来说，我们当时计划把欧宝 GT[1]（一种两座运动型轿车，粗看上去像一个小型的轻巡洋舰）的车身冲压件、裸车身（未上漆的钢铁外壳）、上漆、打磨和最终组装工作都外包出去。本来要在欧宝自己的车间做的，但是当时每个车间都任务繁重，所以最后不得不外包给其他公司。

---

[1] 欧宝 GT：通用于 1968 年在欧洲推出的著名车系，只有两人座位，作为概念车一面世就开始批量生产，在 70 年代风靡世界。

结果，因为外包这件事，我们包括设计、生产、采购部门在内的所有人都违约了。德国的卡尔曼[1]公司是一个非常有名的生产承包商，德国大众公司在20世纪60年代推出的Karmann Ghia轿车让该公司声名卓著。毫无疑问，卡尔曼是有能力为欧宝GT按时、保质生产出优秀产品的，虽然价格不菲。但是后来我在准备签约时，欧宝又收到了一个法国公司B&L[2]的竞价。这个公司主营金属压模和客车制造，也是一个承包商，为许多法国汽车制造商批量代工生产中小型车身，在法国有非常好的口碑。B&L的生产质量是相当不错的，经过严格的评估，我们发现这个法国顶尖的厂商确实是一个可靠的合作伙伴。最重要的是，该公司总的投资估价和单位生产报价都要比卡尔曼公司低40%。

大概你会想，在一个理智的世界里，选谁不选谁，不是一件难事，但要知道，开公司的人并非总是理智的人。那是60年代的后期，德国的欧宝人还对法国人存在这种偏见：法国人的食物和红酒不错，他们生性较弱，不好好工作，也做不出好产品，看二战中法国的飞机、坦克、步兵武器的质量那么差，不都是活生生的例子吗？

于是，我们产生了两种意见。来自美国的员工在看过两家的生产和经济情况之后，都站在了B&L一边，当然，他们其实是希望欧宝能扩张到西德之外的国家去。法国通用，当时只是一家负责销售和分销的公司，我曾在1966年中到1968年末担任那里的销售和市场部主管，给他们削减了很

❶ 卡尔曼（Karmann）：德国大众的车身供应商，协助大众在二战后推出了著名的Karmann Ghia车系。

❷ B&L：全名Brissonneau et Lotz，曾是法国著名的机车生产商，是巴黎地铁的列车供应商，也曾为法国雷诺公司生产过著名的4CV和后来的Caravelle。

多开支。遇到这种事情，法国通用自然也支持 B&L，因为只要欧宝在法国有生产业务，他们就能在公关活动中捞到好处。

德国员工们可不干了，他们一致反对把外包给 B&L。有意思的事情出现了：卡尔曼这时提出了一个修改后的竞价，并指责 B&L 在方案中省略了很多关键步骤，比如是否有足够的防腐蚀措施等。B&L 的人反应极快，马上就把卡尔曼提出的问题解决了，然后在解决问题的同时向对方抛出了一个质疑——为什么只能考虑和卡尔曼一个公司进行合作？

很显然，此时只有首席执行官的决策才能了结这旷日持久的僵局，于是大家在欧宝历史悠久的董事厅开会。拉尔夫・梅森坐在巨大的会议桌的一头，保证自己能把左右两边人的话都听清楚，然后说了句"我的老天爷啊，我们这次可一定要讨论出个结果"。

首先，会议室里放映了两张巨大的幻灯片，分别列出了 B&L 和卡尔曼提供的方案。反对卡尔曼的看法并不是很激烈，那些喜欢 B&L 的员工也没有积极争取，因为他们自信满满地认为"数据自己就能说话"。但是让人们意想不到的是，两家的预付款是一样的！

显然已经提前大体看过报告的拉尔夫，此时要求看看两家的成本是怎样具体拆分的。等细节一亮出来，很明显 B&L 只比对方少了 4000 万美元（如果我没记错的话）。但是，这笔钱是一定要加上去的。这笔钱是用来做什么的呢？德国欧宝采购部的头儿解释说，是用于"额外的差旅费，更多的协调工作、翻译工作，以及与一个未知的法国供应商进行合作所需的其他费用"。到头来，双方的成本就持平了。

对拉尔夫来说，这个决定一旦做错了，会有很高的风险。选择 B&L，万一那些德国人预想到的问题果真存在怎么办？如果法国人做的产品的质量真的不过关，那么会有成千上万的技术文件堆积到拉尔夫的那帮德国技术员手里。拉尔夫清了清嗓子，挪了一下椅子，说道："现在我是听够你们那些屁话了。两家的方案看起来都不错，B&L 明显要便宜。但是我们因为要跟法国人合作就得多拿出 4000 万美元？做梦吧！你就算跟外国人交流再不方便，也他妈花不了 4000 万美元！我们就选 B&L，不许你们再多说废话。我不许任何人拖我们的后腿，不许任何消极怠工。我说到哪里，你们就要做到哪里，因为这个产品很重要。你们有两个选择：要么好好干活，要么滚！都听明白了没有？好的！散会！"

大家都好好干活去了，欧宝 GT 也按时顺利推出了，质量也不错。事实上，当年推出的欧宝 GT，到今天为止也有不少还在美国收藏家手上。

虽然拉尔夫在直面问题的时刻做出了指令，也做了不少决策，但是他天生缺乏关注细节、进行"微观管理"的能力，很少参与实际的后续工作。如果再没有一个优秀的、自主能力强的团队，问题就会更严重了。但是在欧宝当领导，拉尔夫是幸运的：不管是总设计师、总工程师、总控制师还是生产部的头儿，他们都是通用旗下最棒的。

本该苦苦等待拉尔夫前来掌舵，但是我们整个团队没有这样白等，而是自己摸索着就上路了。我们五六个人讨论产品和投资战略，要么在吃午饭的时候讨论，要么随便就凑在一起开个非正式会议进行讨论。为了用有限的资源做出最好的产品，我们彼此帮助，彼此促进，每个人都能独当一面。一个快退休的美国老员工在午餐时无意中听到了我们讨论战略问题，就说："厨子太多了！都在抢着做菜！设计师讨论生产，会计讨论汽车底架，销售讨论设计……都太疯狂了！工程师哪儿去了？只有工程师才能决定未来会有怎样的产品嘛。”

我们无视他的建议，我们不是那帮没有战斗力的 30 后、40 后、50 后，我就喜欢“很多厨子”，还把我们之间的会议正式称为“多厨”会议。我们团队的设计师甚至设计了一个绣花牌，把厨师的帽子和交叉摆放的木勺的样子绣在上面，我们每人都在西服上贴了一个。“多厨”小组有单独的议事日程，标记解决过的冲突、扫除了的障碍，给代理人列出了一系列建议，还有召开必须由首席执行官主持的正式产品和投资会议。这样一来，这些正式会议既有效率，又没有争吵。拉尔夫很快发现会上提出的方案都很不错，于是喃喃地说：“好吧，如果你们都认为应该这么做，财务也说我们有足够的预算，而且回钱也快，奶奶的，那我也同意了！”

拉尔夫就是这样的人，高度信任自己的团队，事实证明他这样做没有错。但显然，那些过于软弱或者懒于调查下属的情况、跟踪下属的项目、拒绝下属提案以确保没有被花言巧语蒙骗的领导者，其职业生涯可能正岌岌可危，他们同时也逃避了应对股东承担的责任。

也不知算走运还是不走运，拉尔夫两口子的酗酒行为被通用的高层注意到了。1971 年，拉尔夫离开了欧宝，“高升”为名誉上的“欧洲通用董事长[1]”，在伦敦的繁华地段过起了有名头无实权的日子。几十年之后，这个职位确实是挺高的，但是当时让拉尔夫坐上那个位子，其实只是一种更

[1] 董事长（chairman）：董事会的主席，理论上讲是公司管理层所有权力的来源，公司的总经理和首席执行官都应该是由董事长任命的，但是如果董事长不兼任首席执行官，一般对公司的行政事务没有直接干预的机会，因此成了董事长的拉尔夫在公司没有任何实质性的权力。

安全地将其调离的权宜之计，这被通用公司的人称为“夕阳红”。慈善的老通用公司从来不开除失败者，而是把他们安排到听上去还不错的岗位上去。拉尔夫·梅森幸福地走了，接替他的是精力旺盛、脾气暴躁、做事强硬的阿莱克斯·坎宁安。

或许有些出人意料，如果我们不戴着有色眼镜去评价拉尔夫的管理，应该说他基本上算是不错的领导者：他领导大家走过了一段辉煌的时期；欧宝在设计和工程上取得了空前的创造力；欧宝汽车不仅设计先进，吸引眼球，行驶性能也很出色。欧宝在整个欧洲市场份额的增加也带来了很高的利润，所以不管拉尔夫这个人怎么样，他确实成功了。

第5章

埃博哈德·冯·金海姆

宝马股份公司首席执行官（1970~1993）

普鲁士贵族的头衔，街头霸王的本性。

男爵埃博哈德·冯·金海姆1928年出生于东普鲁士的朱迪斯，1935年父亲坠马身亡，接着母亲被苏军掠走，在二战后不久死于苏联军营。身为一名德国贵族，老谋深算的他本无意前来上任，也不愿得罪人。

年轻的冯·金海姆抢在俄军到来之前逃到了西德，在那里的亲友和赞助者的帮助下，这个孤儿才算安顿下来。他在著名的斯图加特技术大学学习了工程专业，正是这所大学为德国培养了一大批可怕的技术天才。1954年毕业后，他很快就崭露头角，1959年进入工业巨头科万特集团。这个大集团拥有着Byk-Gulden化工、毛瑟小型枪厂（制造狩猎武器），1959年该集团拥有了当时处境困难的宝马汽车75%的股份。集团创始人赫伯特·科万特认为冯·金海姆这个年轻的男爵有巨大的潜力，在委任他完成了一系列的工作并赋予更多的职责之后，于1970年把宝马全部交给了他。

我第一次遇到冯·金海姆，是在一家德国汽车产业集会上，当时年仅42岁的他刚刚被任命为宝马公司的首席执行官。他看上去其实更年轻：身材中等，浅茶色的头发被整齐地梳开，络腮胡被刮得很干净，他整个人衣着齐整，紧闭着嘴唇、给人以V形短暂的微笑，仿佛像一位准备拍毕业照的高中生。

我们简单地讨论了一下公事，沟通没什么障碍，彼此都很欣赏对方。我当时丝毫没有发觉，这位看上去和善的年轻贵族，原来正处于他的宝马生涯中最可怕的政治旋涡里。宝马公司坐第二把交椅的保罗·哈尼曼是销售和市场部的执行副总裁，他错过了职业生涯中最后一次做老大的机会，正因为自己以后要为冯·金海姆这个毛头小子工作而愤怒不已。哈尼曼又高又壮，是个直言不讳的家伙，有让人感到有些离谱的幽默感，他在汽车市场部门一直做得风生水起。保罗 · 哈尼曼对新产品有着惊人的判断力，巧妙地开发了高端市场，从根本上开创了豪华轿车车系，虽然这些轿车只是比小型车略大了些，但是被他打造成了灵敏的运动系列轿车，以很高的价格卖了出去，其中包括宝马 1600、1800、2002、2002tii 等车型。它们只是在发动机和马力上有所提升，但这些车在保罗 · 哈尼曼手中都得以高价出售，利润可观。

在习惯了长期掌控宝马之后，保罗 · 哈尼曼蔑视所有软弱的首席执行官们，这个媒体口中的“精品保罗”，开始着手从各方面打击冯 · 金海姆。他甚至常常在公司内外把自己的新老板介绍为“我们最新的、同时也是至今为止请来的最高价的小学徒”。冯 · 金海姆对于他的这种举动往往会很绅士地一笑了之。

保罗 · 哈尼曼的错误之处就在于低估了这个年轻男爵的智商和决心。冯 · 金海姆，在觉察到事情有些不太对之后，开始了一些集中于内部的审计工作，欣喜地发现了保罗 · 哈尼曼数额巨大的贪污问题。有些腐败是有同谋的，保罗 · 哈尼曼纠集了不少代理商为他做假账，其中就有为没有付款的客户出账单的情况，这都是极其隐秘、不易被查出来的犯罪行为。最终，保罗得以和代理商瓜分了几百万的钱款。

还有一件事，牵扯到了一家不为人所知的名为 Hafis-Verlag 的印刷厂。Hafis-Verlag 拥有宝马所有的产品目录和销售数据，负责用各种语言高质量地印刷出来，但是印刷的价格不菲。保罗坚持说只有这家印刷厂才能为宝马提供高质量的印刷品，总是拒绝采购部提出的将印刷业务进行公开招标的方案。审计人员很快发现 Hafis-Verlag 的所有者是一个美女，深度调查之后发现这个美女是保罗·哈尼曼的情妇，根本不负责印刷厂的任何业务。事实上，保罗·哈尼曼是为自己的印刷厂工作，收入百万。随着审计工作的进行，还发现国外分销商让保罗·哈尼曼吃回扣以换取更大的汽车配额、给指定的经销商安排“特殊服务”等事件——你能想到的一个不要脸的销售和市场总管能做出来的事情，他都做尽了。

冯·金海姆一举打败了保罗·哈尼曼。这位男爵把所有的证据都交给了董事会，很多董事会成员都被惊呆了，难以想象可爱的“精品保罗”会做出这样的事情。为了不让公司形象受损而影响公司的利益，哈尼曼签署了“协商议定书”，交出了大部分赃款，以保留其名誉，然后去德国联邦铁路系统当头儿了。宝马的团队立刻明白了：不要被冷峻的微笑、稚嫩的外表、柔和的声线和高贵的口音所迷惑……这个男爵聪明得要死！

我接着就离开了通用，去宝马顶替保罗·哈尼曼。销售和市场部很快成就了我的功名[1]。我生长于瑞士，虽然发音不太像本地人，但我起码能用母语开展工作了。

我离开通用时一点儿都没有犹豫：我去宝马拿到的年息是我在通用的十倍，之前的那点工资谁知道了都会觉得可笑。我将生活在慕尼黑的郊区，公司提供丰厚的社会津贴，配给我两辆宝马车，一个全职司机，还有不少摩托车。宝马公司虽然规模不大，但是运营独立，口碑良好，发展迅速，不像原来的公司，只是通用的一个子公司，首席执行官还要向区域经理报告工作，区域经理再向通用海外部的副总经理报告工作，最后由他将工作

---

[1] 作者担任宝马公司全球销售和市场部的执行副总裁，并成为公司管理委员会的成员之一。

层层报告给通用的首席执行官。

尽管我一开始与新老板的意见有不合之处，但是很快就经过了磨合期，工作开展顺利。有一次，冯·金海姆叫我去他办公室，去看看他的宝马新标志。在他的泡沫硬纸板上，我发现了一个看上去更酷的宝马标志，样子很新潮，有些当代的风格。虽然标志还是圆形的，圆饼型的蓝白图案依然分成四等份，但是没有外周复古式的黑色圆环，也没有 BMW 这三个字母刻在上面。

“这是我自己做主的，”冯·金海姆解释道，“我让这家美国公司为我们设计出了新的标志，因为原来的标志太 20 年代了。”我一时语塞。宝马是世界上历史最悠久的发动机制造商，虽然制造汽车的时间没有那么久，但也是世界闻名的。大家都熟知宝马的标志——旋转中的蓝白色推动器，带着黑色的圆环——这个标志被所有的宝马迷们所崇拜，被所有不及我们的品牌所嫉妒，而现在我们这个新领导却想让它变得更“酷”一点。

于是，我绞尽脑汁来向他解释，为什么我认为改变这个标志是世界上最糟糕的想法。他全盘接受了我的想法，没有犹豫，也没有退缩，还向我保证会“再考虑考虑”。每个熟悉宝马标志的人都知道我赢了，宝马的标志始终没有改。他虽然输了，但没有失去风度。那一刻，我坚持认为自己是正确的，但也为日后我们的相处留下了阴影，尽管我们之间的工作关系没有受到影响。

公司里上上下下很多事情都需要做，特别是销售和市场部门。当时只要汽车销售到德国以外的国家，甚至是法国、意大利、比利时、荷兰、卢森堡等市场，就必须经过该国的分销商，这让他们从宝马的汽车和摩托车进口中获取了高额的利润。如今，欧洲关税基本统一了，宝马下属分销商的存在就让效率变得很低，同时也增加了成本。我试图改变这种情况。在冯·金海姆男爵的全力支持下，我开始打击行贿受贿。曾有人威胁要杀了我，也有人要送我地中海游艇，还附赠一群性感美女。但是在接下来近两年的时间里，我不为所动，与男爵齐心协力，大大提高了宝马的利润率。（尽管如此，男爵也担心我们是不是在财务方面对之前的那帮分销商们太仁慈了，他后来说“早知道应该再狠一点儿”。也许他是对的，毕竟放马后炮谁都会）。

另外，我们还要清理保罗·哈尼曼留下的烂摊子。保罗·哈尼曼当时用的广告商自然是要开掉的，我们要找到另一家来合作。这可不是一件容易的事情。虽然那家广告商存在腐败，但是在过去的那几年里，他们在宝马品牌的定位方面确实做了不少贡献。

市场部的很多人因涉及腐败也要被清理掉。很快，他们连同向经销商行贿的职员，以及为换取更高配额的批发商都走人了，虽然我们心里清楚这些人并没有做错什么。按道理说，他们确实是不诚实的人，但是公司上下都如此，已经形成了一种默许此类事件发生的企业文化。不管怎么说，我还是把这些家伙开除了，当然也有不少人威胁说要告我不正当解雇员工。

慕尼黑在 1972 年的夏天举办了奥运会，这让我和老板又有了争执。冯·金海姆想在奥运会期间宣布宝马即将推出全新的宝马 5 系列（宝马 3 和大型的宝马 7 之间的过渡产品）。销售部的人不同意他这么做。如果在产品正式上市前一年就展示下一代产品的模型，现阶段的宝马 1800 型和 2000 型轿车的销售会受到冲击。那个年代的德国民众还没有适应车型的改变，我们当时出售的汽车多少都被认为是会“永久生产”的产品，新车型会让战后的德国购车人不满意自己的投资。也许冯·金海姆有点儿超前了。如今不管在什么地区，宝马都是习惯性地提前展示将要上市的产品，当下的民众都不安于现状，因此提前公布新产品的话，在公关上获得的收益，要比对现阶段产品销售造成的损害要大得多。

但那还是在 1972 年的春天，我必须死命反对。冯·金海姆不依不饶，我也固执己见。最后大家都有点儿火了，男爵让我说说如果不展示新车，我们还能怎样在奥运会期间获得关注。我灵机一动，说道：“那我们就跟美国人学学，推出一款极为先进的、一体式的高端概念车。”他觉得这主意不错。保罗·布拉克，在宝马未被重视但极具天赋的设计部的头儿，很快拿出了图纸。他设计出了宝马开创性的涡轮式敞篷车。这款车具有低位横向中置发动机，还有雷达控制刹车等先进的安全性能，让所有人眼前一亮，从而在奥运会期间获得了极高的评价，多次登上各类杂志的封面。这款车更是启发约翰·劳德瑞恩设计出了鸥翼型的、具有类似的中置发动机的吉姆西跑车。冯·金海姆非常开心，把功劳都揽到了自己身上，虽然这一切是我又一次在背后成就了他。

就宝马汽车命名的问题，我跟老板又吵了一次。60 年代的命名习惯很简单：多大的车身配多大的发动机。因此，最小的宝马 700（60 年代就停产了），因为它的发动机尺寸正好是 700 立方厘米；大型的宝马轿车可以叫做 1600；最大的四开门车宝马 2000，配的是两升油容量的四缸发动机，按照发动机尺寸命名也没问题。但当小车配上大发动机，命名就有些难了。把两升的发动机装到 1600 型号的车里，该怎么命名？叫它“1600-2000”，还是叫它“两升的1600”？命名宝马2002的时候这个问题就解决了，现在很流行的宝马2002也许是宝马最经典的车。虽然问题解决了，但是这种命名的方式还是很不合理的。在给新式中型宝马轿车（现在叫宝马5系）命名时，我们就没办法了，因为它比六缸发动机的大型车（宝马7系）出现得晚，发动机尺寸是2500、2800，要是再大一点的可以叫3.0，那中型宝马叫什么，“带六缸的2800”，还是“2000-2.8”？难不成叫“2.0-2.8”？谁都会看晕了。我拼了命地想，都没想出一个符合逻辑的名字。

没想到我那个不怎么说话的、老老实实的本土销售经理奥斯卡·科尔克，竟不动声色地把这个问题解决了。过了几个钟头，他说要见我，然后来我的办公室坐下跟我聊。他首先说不好意思突然来找我，然后解释说他知道这些问题不该他管，而是市场部的事情，还谦虚地说自己的建议也许起不了任何作用，等等。接着，他就展开了自己认真写好的表格，上面把所有的宝马车型的命名列了出来，这种方式虽然很传统，但是列表上的名称清晰准确且符合逻辑。

“我觉得吧，”科尔克说道，“小型车就成为3系，中型就叫5系，大型就叫7系。不管什么车，开头都用第一位数字标明车型的大小，然后跟着的两位数字就是发动机的尺寸，这样我们的车就叫做316、318、320、325，六缸发动机就叫330。马上要推出的中型车，配备的是两升油容量的四缸发动机，所以就叫做520。以后要是配了两升半的六缸发动机，就叫做525，这样就不会有人将它和现在的大型车2500弄混了，因为这个大型车应该叫做725了！”

我很喜欢这个方法。我说，“科尔克先生，你太聪明了！这问题被你一下子就永久性解决掉了！我接下来所能做的只不过就是让冯 · 金海姆批准了，我觉得他会批准的。”科尔克自豪地离开了我的办公室。令我没有想到的是，这个命名方法获得批准的过程会像是一场噩梦。冯 · 金海姆看到这个点子后，点了点头，给予了职业性的微笑，说这想法很不错、很好玩、很有新意。但是，我立马就明白这只不过是他在含蓄地表达反对意见罢了。双目失明的赫伯特 · 科万特[1] 博士拥有宝马 75% 的股份，早些年曾在危难时刻拯救了宝马，避免了公司的破产，同时也是我们监事会的现任主席。赫伯特 · 科万特对于新款中型车的命名有着他自己的主意。冯 · 金海姆告诉我，主席想称之为“宝马 2.0”。“好吧，”我说，“但是如果这款车再配上小一点的发动机或者更大的的六缸发动机，怎么办？叫‘宝马 2.0-2.5’吗？这对以后的大型车会带来一系列的影响。大车一旦配上小发动机，我们就只能倒过来叫‘宝马 2.5-2.0’了吗？我没有不尊重领导的意思，可是这确实太可笑了啊。”

我很快就有了跟赫伯特 · 科万特面对面讨论这个问题的机会了。科万特博士虽然双目失明，但是眼睛依然对着我，说出了他的想法：“2.0”听上去很重要，也很有品位，会让这款车看上去有档次。“但是，科万特博士”，

---

[1] 赫伯特 · 科万特（Dr. Herbert Quandt）：9 岁时患视网膜疾病而失明，1910 年出生于德国普里茨瓦尔克，是君特 · 科万特的二儿子，继承了君特在二战中建立起来的家族企业。二战后包括宝马在内的德国汽车公司都陷入困境，宝马的 502 轿车被认为属于战前风格而得不到民众的喜爱，507 跑车获得成功但没有帮助宝马止住亏损，唯一让公司维持生计的是运动型的 700。赫伯特作为股东之一，1959 年注资掌管了宝马，避免了它被英国戴姆勒 - 奔驰公司收购和拆解，被称为“完成了人生第一次正确的决定”；1961 年推出 1500 大获成功，后又有 1800 上市，让宝马成为时尚品牌；1969 年任命埃博哈德 · 冯 · 金海姆主管公司，成为他人生中又一个正确的决定。

我反对他说，“以后要是我们的车更换了发动机，您准备怎么办？”他随口说了几种解决方案，我感觉连他自己都觉得这些方案不靠谱。科万特博士人不错，但显然不是每天都好脾气，他被我惹恼了：“你这个没长大的瑞士籍美国人，凭什么在我这个主席面前大呼小叫？”我也不知道哪里来的胆量，那天确实就没控制住自己。科尔克的主意是最好的，他的命名方式可以使用很长时间，所以我那天不打算服软。冯·金海姆没想着要站在我这边，只是跟我偶尔说上两句，比如“卢茨先生，我们要不然就接受科万特博士的方案吧？我确信我们很快会找到另一种方式来解决发动机尺寸带来的问题”。

“不对，如果按照他的意思，这个问题我们永远都解决不了。我们什么都试过了，科尔克的主意明显是最可行的。如果我不坚信这一点，我也不会这样跟主席争辩。”最后，科万特博士说道，“我或许是公司的拥有者，是监事会的主席，但你们才是运营公司的人。我是不会干涉你们的决定的，卢茨先生。虽然我确实不喜欢你的意见，但我现在给你们让道了。卢茨先生，您的据理力争表明了您的勇气和执着。但我必须告诉你，像刚刚这样顶撞我而没有出事，全靠着你运气好罢了。明白吗？你听懂了吗？”

真惊险！我刚刚赢得了一场战斗，但是差点让大家以为我是一个粗鲁、不尊敬人、自以为无所不知的傻瓜。“科万特博士，”我说，“我无意冒犯您，但是作为您指派的全球销售和市场部的一把手，我感到为了最合理的方案而抗争是我的职责。”

会议结束了，我却不怎么高兴：宝马的车型命名方案算是敲定了，但是冯·金海姆今天却一直在要手段。我们都知道他做出了最正确的决定，心里虽然同意我的意见，但却利用我来直接与科万特抗争，让我冒着政治风险在那里当出头鸟，而他自己明哲保身，同时又达到了目的。我被这个聪明的贵族玩弄于股掌之上还不止这一件事情。

还有一件事，发生在 1972 年之后，当时宝马的鸥翼型涡轮跑车已经以概念车的形式于奥运会期间推出了。冯 · 金海姆先生劝我，希望我们能把他司机的车从慕尼黑开到斯图加特。路程不是很远，在德国高速公路上，一般每小时都能开到 130 英里。这一路上，他跟我讲了讲事由：我们被邀请去约阿希姆 · 赞恩博士那里，他将是梅赛德斯母公司戴姆勒 - 奔驰股份公司的时任董事长兼首席执行官。事先没说会聊些什么，但是冯 · 金海姆保证这次会晤会很有趣。结果没想打这次会晤比我想象中的更糟糕。

赞恩博士的会议室非常简朴，我们刚刚坐下，就有穿着制服的人员端过咖啡来。赞恩打印了一份包含宝马概念涡轮跑车照片的材料给我们。“这个，”他一边在我眼前晃着这些图片一边宣布，“过分！太过分了！宝马没有权利推出鸥翼型的车！我们华丽的 C-111 车型已经上市了！你们这是抄袭！”

我先问了赞恩博士，梅赛德斯是否已经获得了所谓我们抄袭的专利或者设计版权（我已经知道他们没有专利了，因为我事先查过），赞恩博士说，“这有什么关系！宝马是没权利抄袭梅赛德斯已经推出的产品的。冯 · 金海姆先生，我希望你们停止这种做法！同时，卢茨先生你也应该停止销售大型六缸轿车和跑车。六缸车是我们的特色！我们也有四缸车，但是我同意让宝马发展四缸车，毕竟四缸也有很好的市场。你们只要专心致志去做优秀的四缸车，我们也不会挡你们的道。”

我不知道该说什么了。这里是我们主要竞争对手的首席执行官的办公室，他在训斥我们，让我们不要跟他们竞争，不要跟他们抢市场。我的第一反应是我想知道美国那些反垄断人员会怎么看待这场谈判。不管怎样，在没有美国证监会或律师在场的情况下，我只能希望自己的老板，冯·金海姆男爵，能站出来说几句话，回敬一下对方，并指出我们的做法是符合法律、公平竞争的行为，在没有确定的法律保护下，此次会议应该是无效的。

“当然，赞恩博士，谢谢您指明您担心的地方在哪里。两家公司之间的关系对我们双方都至关重要，我们自然不会做任何破坏双方关系的事情。请您原谅卢茨先生，他刚来公司不久，可能比较担心这件事对自己工作热情的影响。我也不愿意发生这种事情。我们绝对尊重梅赛德斯公司在六缸车销售市场上的重要地位，也会让自己再小心一些，不去侵占贵公司的利益。我这样说没有错吧，卢茨先生？”

我被惊呆了，只说了句“是的，当然”。或多或少地，我感觉自己被对方的老板无情地蹂躏打击了一番。

过了一会儿，在回慕尼黑的路上（我仍然很气愤，但是装作很礼貌），我才惊异地意识到，这个不合时宜的垃圾会议，即使按照德国人反垄断法的标准，也是违法的。我老板说道，“好了，别理赞恩博士了。他这种老脑筋对这类事情是想不通的，况且弗里克先生（德国另一个工业巨头的创立者，也是梅赛德斯的主要股东之一）和科万特博士是好朋友，所以不会有事的，这两个人会碰头讨论此事的。至于六缸车嘛，我们肯定是会继续做下去的。”

从这件事我认识到，当我感到无助或外界的批评出现的时候，不能指望老板会给我帮助，即使我认为他肯定会帮我。后来，这一点得到了进一步验证。

一次，我与其他公司几位杰出的业内精英进行了一次印象深刻的午宴。我到现在也没搞清楚为什么他们会邀请我。我谁都不认识，最多算是在场的一位观众罢了。午宴的主办者很希望他公司的一个高层领导离开公司，但是又担心自己如果解雇这个人的话，董事会将不高兴。“哈！”冯 · 金海姆男爵说，“我有个主意：你让这个人利用董事会的权力在公司实施一些举措。有些会成功，这自然很好。有些会比较有争议，甚至失败，那就更好了。你把这些失败的举措告知你信得过的记者们，让他们炒作出去。只要告诉他们足够吸引眼球的新闻细节，那么外界就会逐渐认为，这个家伙会被炒鱿鱼。到那时，公司会对此‘不发表评论’。很快，外界的压力就积累到临界点，董事会就感到必须要采取行动了，那你就成功摆脱这个人了。所以，有的时候，为解雇掉不喜欢的员工而获得长期的利益，公司是要承受一点挫折的。”

我记住了他们的对话，这等于让我自己提前做好了应对此类事件的准备。虽然如此，当我开始承受产品方案出错导致的负面压力时，我确实怀疑是公司“内鬼”给记者们提供了相关信息，但是怀疑又有什么用。“卢茨先生失败的产品方案”涉及了两款马力极大的奔放车型，通常情况下，这种车型会在没有限速的德国高速上轰动一时。其中一款是被大刀阔斧改造的 2002，车身被加宽了，加上了巨型的挡泥板，轮胎也变大变宽了，配上 200 马力（这在 1973 年是很惊人的马力）涡轮增压发动机，车前压重板设计得很低，并印着倒写的“Turbo[1]”字样，这样德国高速上懒散的驾驶员们就能从自己的后视镜里或从左侧车道迎面而来的车子上看到这个由幻彩荧光漆喷成的标志。

另一款是轻量级的三缸跑车，虽然各项指标都是轻量级的，但车前身、后身、顶棚的扰流板都设计得很奇特，所有的设计都是为了让该车有资格成为著名的 DTM[2] 跑车系列的一分子。

再说一次，在通常的情况下，这两款衍生车都能成为符合交通法律规定且能让人眼前一亮的好车。可惜的是，推出的时机不对。这两款车上市的时候，发生了两件事情。首先是 OPEC 第一次颁布了石油禁令，让德国受到重创。突然之间，因为跑得快而耗油就成为了一件几乎不道德的坏事。社会民主党派组成的政府开始对道路行驶进行了限速（左翼势力很欢迎这一做法），媒体就开始耸人听闻，到处宣传说这种能源短缺将会成为永久性的状况。

更糟的是，德国早期的环保运动，在媒体的支持下，开始揭露环境灾难的现象，例如“灭绝的森林”这样的运动。诚然，德国的许多松柏植物都在枯萎和死去，许多树林也被德国高速公路一穿而过。就像几十年后对待所谓的人为造成的全球温室效应谣言一样，科学界一帮半调子专家们一致同意汽车工业要对此负责。高速就意味着高耗能！

在 OPEC 和森林事件的双重打击下，这两款车的所有优点都被掩盖了，

❶ Turbo：涡轮增压机。

❷ DTM：德国房车冠军赛。1984 年首次举办，后一度衰落，2000 年更名后恢复赛事，是当今世界最著名的房车赛之一，在房车比赛类型中属于最高级别，也代表了欧洲最高水平，每年都吸引大量的德国民众参与观看。

成了被抨击的靶子，而停产这样的车，就成了不负责任的汽车工业所必须做的事情。(约 30 年之后，当悍马品牌被当做全球气候变暖的最大罪人拎出来、变成美国环境保护运动打击的主靶、被阿里安娜·赫芬顿[1]一骂再骂、每周日都被人们当做反基督的典型一再批判的时候，我沉痛地想起了宝马 3.0 CSL 跑车[2]和印有“obruT[3]”的 2002 车型。这两款车都被收藏家高度评价。人们不久就发现，“环境灾难”的说法纯属是有些人在乱喊乱叫，每隔 50 年左右就会来闹一次。媒体当然不会对我们说“哦，不小心弄错了，不好意思”。)

当时我面对外界的愤怒，又得不到宝马公司公关部的帮助。他们总是保持沉默，偶尔在与冯·金海姆先生会谈时，冯·金海姆总是置身事外地把这两款车称为“卢茨先生的项目”。多谢您了！这总能让我想起那次午宴的对话。

与冯·金海姆的矛盾累积到一定程度，我的反应自然就是工作效率下降。我对无法与他诚恳地就工作问题进行沟通而感到沮丧，于是就将自己的想法、焦虑以及挫败感告诉了手下和同事。他们表面上同情我，但私底下认为我对冯·金海姆的领导方式不满，冯·金海姆自然也能知道。这无疑让他感到不安了，甚至能让他觉得我会把他搞下台。这样，尽管我自己的事业因他取得了很大的进步，我们的关系却开始走下坡路了。

---

[1] 阿里安娜·赫芬顿（Arianna Huffington）：美国政治博客 Huffington Post 共同创始人，每周做两档脱口秀节目，在电视台频频亮相，经常与保守派辩论政务。

[2] 宝马 3.0 CSL 跑车：宝马公司的大马力车型，CSL 代表的是 Coupe 轿跑、Sport 运动、Lightweight 轻量化，属于比较耗油的车型。

[3] obruT：Turbo 字样的倒写。

有一天，在员工会议上，冯·金海姆随口问了问，公司仓库里还有多少旧型号的轿车没有卖出去。我说我最近没查，但是应该在200辆左右。“你竟然不知道确切的数目？这让我很震惊，卢茨先生。这些车的总价值那么高，我还以为你会每天都监管到位。我作为一个老板，都觉得我必须花时间来关注这些情况。截止到今天早上，我们有207辆车剩在仓库里。你做事情要敬业一点儿，好吗？”我真被他在同事面前弄得下不来台。那些同事在同情我的同时，也有一丝高兴（“还好被骂的不是我”）。这些幸灾乐祸的人其实都明白冯·金海姆在做什么。

有些老板希望下属事事及时报告、敬畏自己，于是时不时地采取一些恶心的战术，例如，在下属职责范围内选择一个微不足道的信息，当着其他人的面询问下属确切的数据。大家原本应该通力合作来为公司盈利，现在上级却顾着给下属挑刺，这种做法对人与人之间的合作没有丝毫益处。

在执行委员会或管理董事会的成员面前，冯·金海姆男爵也总是显得局促不安。那些人通常是年长的、在自己的工作领域阅历丰富的老同志。这个年轻的首席执行官想让一群既比他早进厂、又比他在专业方面懂得更多的老资历按照自己的意思办事，确实是很难的。为了不产生矛盾，冯·金海姆建立了“智囊团”，让一群专家来给他当助手，每个人都负责一个部门，他们是来自德国最好学校的毕业生，都被委任去像特务一样弄清楚生产、采购、工程、销售、市场等各部门到底运行得怎么样。我们这些各部门的头儿都知道这事，也很讨厌这些人，但无计可施。

还有一次，大家原本的出发点是好的，但结果令我很不满意。冯·金海姆听说经销商和分销商们不停地抱怨产品短缺的问题，还听说他们担心公司之所以降低产能是为了在将来抛弃他们，于是就任命我来推行一个“自由需求”的五年计划。宝马那时只有两个装配厂，一个老厂在慕尼黑，另一个在丁戈尔芬小镇。后者的设备倒是挺先进，但是即使加足马力生产，也不过是差不多 20 万辆车的产能。此外，还有柏林工厂，能生产 2 万多辆摩托车。把摩托车产量提高到 10 万辆以上的压力还不是很大，可以过两年再说，但是汽车的产能严重不足，已经不能再等了。我很高兴宝马官方终于认识到了这一点，于是我召集了本土的和进出口的销售组织一起向经销商们和国外的分销商发起调查，让他们诚实地报出未来五年内每一年他们对汽车需求的估计。

总数出来了，不出我所料，是 50 万辆以上。我为了防止公司方面被这个数字吓到，就略作调整，制定计划的时候把五年后的年产量目标定为 35 万辆左右，这可以让大家都有所准备。我做了一个很大规模的报告，当天做了一连串的演示，一个模型接着一个模型、一个国家接着一个国家、一年接着一年地演示需求提高的过程，然后以此给出了国内总需求、欧洲总需求、世界其他地区总需求以及全球总需求的数据。不得不承认，这场报告取得了很好的效果。

我刚报告完坐下，冯·金海姆就问他身边那个十分傲慢的年轻人，他是“智囊团”里负责销售和市场方面的特别助理，想知道他对我的数据怎么看。

“冯·金海姆男爵，我以及我的同事从一开始就一直在盯着卢茨先生的预计总量。我们认为这个结论过度乐观，因而十分荒谬。当然，我们最担忧的是宝马的品牌形象。我们相信，如此大的产量，会让宝马降低到大众型品牌的水平，我们之前精心培养的品牌价值就没有了。因此，我们建议您立刻拒绝卢茨先生的计划。”

“说的好！”男爵说，“卢茨先生，宝马就是宝马……宝马是稀有的、独一无二的产品，值得所有人等待。你显然当年被通用公司毒害太深，所以才会觉得产量越高越好。我就是要做少而精的产品，你懂了吗？”

我险些就控制不住自己的愤怒了。我就搞不懂当初为什么让我做这个调查？我如何回去面对那些满怀希望的手下们，告诉他们我们之前的增产希望都破灭了？（为历史做一下注释：尽管走的是“少而精”的路线，但在五年之内，宝马还是将全球年产量增加到了 35 万辆，2011 年的全球销售总量超过 130 万，达到了 1380384 辆，怎么没见宝马失去那具有尊贵地位和远大抱负的品牌形象？）

我的三年合同也快到期了，我不知道公司会不会跟我续约。更重要的是，在我的大幅增产计划眼看就要被拒绝的情况下，我不确定自己是否乐意在这样一个缺乏合议精神的环境中再工作三年。

还有一个让我不确定的因素，就是福特公司总部很愿意让我去当德国福特的头儿，虽然福特给我的头衔是首席执行官，但是工作量要比我现在的少。当时欧洲福特的管理中心在英国，德国福特在其管辖的各个公司中销售业绩很差，只是欧洲福特的一个小公司。

虽然考虑再三，但在最后要下决心的时候，却异常简单。所谓的最后一根稻草，就在几周之后出现了。在与奥斯卡·科尔克的一次会议中，这个宝马国内销售部的头儿（奥斯卡·科尔克就是那个发明了 3-5-7 车型命名法的家伙）给我了一份文件。文件里提到了一系列调查，是关于一个很大、很有影响力的经销商的。你所能想到的一切欺诈公司的活动，这个零售经销商都参与了。无论是为了升职、做宣传还是保修费用，这个骗子背着我们偷了很多钱，现在证据确凿了。“卢茨先生，”奥斯卡·科尔克总结道，“这家伙的时候到了。”我也这样认为，因为在经销商和厂家（以及顾客）的所有关系中，诚信是最关键的。

鉴于他的重要地位，我单独召见了他，把证据摆在他面前，告诉他以后公司不会跟他续约。他默默地收拾了一下文件就离开了。我想事情就完了吧。完了吗？没有！几周之后，这个人又来到了我的办公室，径直走向我的桌子，把他的新合同摔在我的面前。上面有埃博哈德·冯·金海姆的签字！我被震惊了，问他是怎么续签合同的。

“我邀请冯·金海姆先生到我那里参观了一下，他同意了。我们很愉快地一起午餐，并参观了我的公司。他很高兴，并问有什么他可以帮助我的。我说我与科尔克和卢茨等诸位先生在新合同的问题上出了些争执，他说，‘这个好办，我给你搞定！交给我吧，我给你签字！’然后呢，你也看到了，他签字了！”

我真是气死了。按照行业内大家都明白的不成文的规矩，非销售部门的高级员工是不能与经销商有业务往来的，而且不管怎么样，他们都应先要一份书面报告，看一看这个经销商的优缺点都有哪些。如此基本的程序都被我的老板一时开心就给省去了！

我很气愤地告诉经销商，“你就在这里等着”，然后立刻冲进大厅，跑去冯·金海姆的办公室。我没有理会他的秘书，直接走进去把合同砸在他的办公桌上。“这是你签的名吗？”我以一种明显已经知道答案的口气问他。

他愣住了，略微抖了一下，承认这是他签的，我就告诉他这样的做法有多么卑劣、多么不合时宜，并会损害他的形象。他立刻暴跳如雷，愤怒地挥着他披着无袖衬衫的胳膊，对我吼道，“我不需要给你解释，卢茨先生，根本不需要！我是老板，我爱做什么就做什么，不管是销售还是别的，都要听我的！你明白了吗？现在给我乖乖地滚出去！”

那就是我在宝马公司的最后一天了。我接受了福特的邀请，还参加了冯·金海姆给我举办的一场欢送会。其间，冯·金海姆显然是对我离去感到松了一口气，使劲地表扬了我一番，把我称为“无可置疑的当今汽车工业界最优秀的人”（言外之意是“很高兴你终于离开了”）。

我决定到死都要憎恨冯·金海姆，但是多年之后，1980~1985年间，我成了欧洲福特的主席，他在伦敦出差的时候我们还经常一起吃饭。我们讨论汽车行业的事情，他还对我在福特的升职表示了祝贺。他自己说，我当初坚持不懈，努力在包括美国在内的各大主要国家根除那些蛀虫式的进出口经销商，已经成为了宝马战后发展过程中一个最重要的事件，为宝马全球扩张之路的成功奠定了基础。有一次，我提到了宝马现在的产量与当初我预估的“未来产量”是如此一致，而当时上级的反对又是如此欠缺考虑。“是的，”他说，“很不幸，我们两人当时有过许多的摩擦。我总是问自己为什么。我觉得可能是因为当初我们还年轻，只有40岁出头的年纪，阅历还太浅。这真是可惜了，但是，你看你今天混得多好。这让我很欣慰。”他说这话应该是很诚恳的。我不禁又开始欣赏这个年长而聪慧、比以往更自信的冯·金海姆男爵了。以前在宝马的同事们告诉我，虽然他仍旧做了许多老板不应该做的事情，但是他无疑已经变得思想更开放，更愿意分享，也不再那么狡诈了。

作为一个首席执行官，他到底在大股东、员工和所有其他不计其数的小股东眼里有多优秀呢？一句话：他是传奇式的人物。他是汽车行业历史上任职时间最长的首席执行官之一，从 1970 年一直做到 1993 年。他离任之后成为监事会主席，一直到 1999 年。他见证了员工总数从 2.3 万到超过 8 万的增长过程。在他的任期内，宝马不仅成为了世界上三大汽车奢侈品牌之一，而且成功重建了标志性的 Mini 和劳斯莱斯这两个当时几乎都要停产的品牌。

所以，虽然他做了很多优秀领导者所不齿的事情，例如特务式的管制、制造恐怖、玩弄权术、不信任自己的团队、喜爱贵族式的低级争斗等，但这些都没有阻止他为股东们创造巨大的财富，从而让他跻身于历史上最成功的汽车界首席执行官行列。

他在我 80 岁生日那天给我写了一封非常衷心的祝贺信。很奇怪的是，我竟然为能在一生中结识这样一个人而感到骄傲。

第6章

菲利普·考德威尔

福特汽车公司主席兼首席执行官（1980~1985）

你可以不喜欢他，但你不得不尊敬他。

菲利普·考德威尔的办公室位于密歇根州迪尔伯恩那个所谓的玻璃宫，即福特全球总部大楼。那天，在他的小会议室里，菲利普·考德威尔跟我对桌坐着。他的工作服装看上去很合身：细小方格花纹的灰色西装，紧身衬衫，不太引人注目的领带，认真擦过的翼纹鞋。他面无表情，这让我很担心。

我当时正打算从宝马执行副总裁的位置上离任，于是飞到迪尔伯恩会见时任欧洲福特的首席执行官威廉姆·欧·"比尔"·伯尔克。他是一位很有天赋且有领袖气质的领导，但是在福特却因对菲利普·考德威尔的看法太过坦白而错失升职的机会。在迪尔伯恩，给我做第一场面试的是亨利·福特二世，他穿着深色的、腋窝处有染色的毛衣。那场面试很简单，比尔·伯尔克简单向他介绍了一下我就结束了。尽管亨利·福特二世对公司有着传说中的影响力，但是我觉得他挺有魅力，丝毫不会给人压迫感。

接下来的会议在李·艾柯卡的办公室，也算不上是面试，福特时任总裁[1]利多穿着花衣裳，总是不停地从他的雪茄盒里拿出他正宗的"特种"雪茄来给我抽。他抽着烟，随便找些话题来聊。比如，他向他的朋友——通用公司的总裁艾略特·"皮特"·埃斯蒂斯问起过我、想看看通用是否希望让我回去（结果，通用公司果然是想让我回去的）。他还说对比尔·伯尔克没能"搞定"德国福特而感到失望，并希望我能到德国福特去收拾比尔·伯尔克的烂摊子等等。李·艾柯卡与我的会面很随意，我们的对话虽然倾向

---

❶ 总裁（president）：和首席执行官之间的关系有很多不同的解释，但在文中的美国汽车公司，总裁的位子要低于首席执行官，属于辅助首席执行官进行工作的岗位，也就是说，此时的李·艾柯卡还不是福特的顶级领导，而是二把手。

性很强，但很能激励我。

这两场成功的面试之后，我期待着与菲利普 · 考德威尔[1]的见面。他是国际业务部的执行副总裁，比尔 · 伯尔克的老板。我觉得我们的会面应该也是礼节性的，简单说句“欢迎到来”就应该结束了。但是与之前的面试不同，整个面试都很紧张，比尔 · 伯尔克也不在场。这是严格的一对一交谈。

菲尔先是一直盯着我看，直到过了好一会儿，突然直接问我说，“你为什么要离开宝马？”我没有批评冯 · 金海姆，只是解释说我们的想法不同，导致关系不太好，而且宝马的公司很小，我更渴望在一个制度规范、做事有可预见性、理性以及敢于打击腐败的环境中工作，这些都是通用和福特能提供给我的。考德威尔又深入地试探了一下我，我坦言在宝马的增产战略失败之后觉得很沮丧，因此要离开。

考德威尔没有任何笑容，眼睛也没有眨，始终是一张死气沉沉、没有表情的脸孔。在意味深长地暂停了交谈之后，他又问，“那么，你当初为什么离开通用？”我选择再次避免批评前任的领导，于是坦白地说了我在宝马的工作待遇要比通用好很多倍。他又面无表情地问，“那么，为什么你想来福特，你觉得你能给福特带来什么好处？”接下来，他问道，“为什么你当初选择了加州大学伯克利分校？为什么你当初参加了海军陆战队？”

---

[1] 菲利普·考德威尔（Philip Caldwell），名字为菲利普（Philip），因作者与其亲近，常简称菲尔（Phil），故有时会称之为菲尔 · 考德维尔（Phil Caldwell），或直接称其为考德维尔。

没有肢体语言的变化，也没有口头上的认可，整场对话都看上去怪怪的，没有擦出任何火花。最后我还是被录取了。虽然跟菲利普·考德威尔一起相处了很多时间，不管是一对一的交流还是跟一群人一起，他的在场都没能让我摆脱不舒服的感觉。

考德威尔 1920 年出生在俄亥俄州的布尔纳维尔，父母都是农民。他 1940 年毕业于马斯基根学院，1942 年毕业于哈佛商学院，在二战后期成了一名海军中尉。在他难得兴致高的时候，喜欢跟别人说“道格拉斯·麦克阿瑟将军和我一起”跟日本人打仗，这无疑是提高自己身价的说法。当然，如果他真的曾见到麦克阿瑟将军，即便只是在他的团队中任初级后勤指挥官，这种说法也没错。

1953 年他来到福特，成为了卡车业务部的头儿。那个部门是菲尔科电器部门，一路发展得很坎坷。我遇到他的时候，他已经在国际业务部工作。亨利·福特二世在伦敦有一个福特公寓，就是格罗夫纳大宅的 121 号公寓。对菲利普·考德威尔最恰当的描述，就来自那里的男管家。福特先生不在那个奢华而又屋宇众多的公寓住的时候，高管级别的员工可以使用。男管家贝德维尔（在英国一般用姓而不用名来称呼男管家）前一周刚刚接待了菲尔·考德威尔，在我住进去的时候，就问我说，“不好意思，先生，我能问您个事情吗？”“当然！”“好的，先生，我总是尽力让自己做得很专业，但是我必须说，卢茨先生，我发现那个考德威尔先生真是跟正常人不太一样。”他的这句话，这种说法，我听过很多遍，因为所有跟考德维尔见过面的人都跟我说过这句话。

贝德维尔说起了考德维尔锃亮的鞋子。考德维尔曾把鞋拿到贝德维尔的面前，问道，“贝德维尔，你看得出哪里有问题吗？”

“没有啊，先生。我觉得这鞋子明光锃亮啊，先生。”

“再看一遍，贝德维尔。认真点儿看。”

“我什么都没发现，先生。”

“好吧，我给你点儿提示：他们不对称！”

“不对称，先生？您能告诉我什么不对称吗？”

“鞋带啊，贝德维尔。鞋带不对称！两边都不一样长。”

贝德维尔接过鞋子，把鞋带整理好，才又把鞋子给他。贝德维尔告诉我，在他为亨利 · 福特二世服务的多年，即使加上他早年为皇室服务的时间，这种经历都是从来没有过的。我告诉他，“菲尔 · 考德维尔是个很精致的人，我们看人都要看到他好的一面才行。”

有一次，我在福特的日常司机没有来接我，而去接待来德国访问的菲尔 · 考德维尔了，我只好自己开车。回来以后，司机说，“我能跟您说说考德维尔先生吗？”“当然可以，说吧。”我回答道。事情好像是这样的：考德维尔让我的司机去找他所下榻旅馆的经理（而不是找经理助理），那个经理把一个带拉链的机密包裹交给司机，然后司机要把包裹直接带去波恩机场的民航站，找到福特航空公司的“湾流 4 号”飞机的机长，把这个秘密的包裹交给他。在见到经理之前，我的司机需要一直守在酒店等着。或是出于激动，抑或是因为这个工作让自己感到有点儿像个特工吧，司机颤抖地带着包裹来到机场，找到了这个飞行员。飞行员对这种情况见怪不怪了，很清楚地说，“把这个包裹放在凳子上就好了，我过一会儿会带到飞机上去。”司机有点不放心，于是很负责地说，“哦，那不行，考德维尔先生说了这是很重要的包裹，必须立刻带到飞机上去。我们可不能把包裹就扔在这里！”这时飞行员就说，“哎哟，我真是服了你了！我现在就给你打开包裹，让你看看里面有他妈什么秘密的玩意儿。”一边说着，飞行员就猛地一拉拉链，结果把这位老实巴交的“邮递员”给吓着了：里面是一个航空专用的布袋，塞满了成打的小型果酱盒，都是在高档的欧洲酒店每天早餐时供应的！这就是所谓的高度重要的绝密任务。

还有一次，一位福特航空的空姐（我是唯一的乘客）问我，可否询问一下考德维尔先生的事情。“当然，”我说，“说说你的故事吧。”那个空姐有一次值长航的班，菲尔是那架飞机上唯一的乘客。空姐想抽烟，于是鼓起勇气问菲尔可否允许她去飞机最后方去抽根烟。菲尔想了一会儿，说道，“我不许你抽烟，但是我能理解你存在尼古丁依赖的情况。我是绝不会妨碍安全的，也希望你能保持在紧急情况下执行任务的能力。我知道你‘需要’尼古丁，因此，为了飞行安全，你还是去抽根烟吧。”不必说，空姐肯定也没抽成烟，否则就说明她“需要”尼古丁了。

菲尔·考德维尔和他的夫人贝琪，都是滴酒不沾的人。红酒、烈酒、啤酒、咖啡、茶，通通不喝。一切让人迷醉和让人兴奋的东西都与他们绝缘。他们只喝水。这种绝对的行为让亨利·福特二世很困惑，因为亨利·福特二世本人是有些嗜酒的。菲尔总是拒绝喝酒，并说他们夫妇二人从不碰酒精。亨利·福特二世估计当时有点不高兴，再加上有些醉了，于是说，“去你的吧，菲尔，我就不明白了，你不抽烟，不骂人，也不喝酒，不喝咖啡或茶……你到底能干吗？”这是个好问题！

我对菲尔·考德维尔这一点已经习惯了。不管我们是在飞机上还是在饭店里吃饭，只要服务员问我们要不要来一杯餐前鸡尾酒，菲尔总是说不。我总是礼貌地问，“你是否介意我喝一杯呢，菲尔？”他也总是说，“你要是‘需要’喝就喝吧。”第一次的时候，我跟那个想抽烟的空姐一样，碰到这种情况也就不想喝酒了，因为我不想显得好像自己是个酒鬼似的。但是后来我就会喝了，每次得到他这样的回复以后，就会说，“这不是需要不需要的问题，菲尔，我就喝一杯。”

考德维尔先生很善于维持自己的外在形象，但其实这与他的本质不太相符。有一次，我的右肘犯了很严重的肌腱炎，握手会很痛。考德维尔和我都到亨利·福特二世的办公室去，福特先生欢迎我的时候，我就伸出了左手。他花了几分钟聊了聊我的身体情况，给我推荐了一位医生（这位医生后来真的把我的肌腱炎治好了），提醒我说要放松。会议快要结束的时候，我拿起我的公文包，做这动作并不是很痛。令我想不到的是，菲尔·考德维尔跳到我这边，一把抓过了公文包。“我不希望你拿任何东西，我们必须把你的右肘治好！”他不顾我的抗议，把我们两人的公文包都抢过去。我肯定亨利·福特二世被他惊呆了，也感觉这个高级领导竟然对下属的健康如此关心。很遗憾，亨利·福特二世没看到我们出了他办公室以后发生的事情。门一关，考德维尔就把公文包递还给我，“快接好了！”他多次在重要的人面前耍这些小聪明让人们记住他，奇怪的是，这些举动对他来说就好像是家常便饭。

有一次，公司在伦敦召开了欧洲汽车业务季度报告会，考德维尔把我叫到他的旁边，让我俯低一些，好在我耳边传达他的指示。我确信，其他参会人员看到这一幕，一定会认为我在接受什么秘密的特别信息。但事实上不是这样的。菲尔·考德维尔在英国的时候好像特别迷恋加信氏帝王皮革皂，这是一种昂贵的高级清洁用品。我当时接受到的任务，就是在格拉夫顿大街 4 号福特公司别墅，也就是会议举办的地方，去找那儿的管家，给他买一份 24 连包的皮革皂。他还要求把这样贵重的物品要用褐色纸张包好，再用绳子系好，便于安全携带。我立刻出发，找到那个管家尼尔。尼尔耸了耸肩，没有表现出惊讶的样子，并开始找东西打包。管家快弄好的时候，让一个秘书捎了张纸条通知我。我离开会场，从尼尔那里拿到褐色的包裹，带回来放在菲尔的椅子旁。他点了点头，让在场的人以为这是一件多么重要的任务。现在我才知道，菲尔只不过是喜欢免费的东西罢了。

考德维尔还喜欢另一个英国品牌的产品：莫尔文矿泉水。这种饮料被装在传统的高玻璃瓶里，是他的指定饮品。他要求这种饮料随处可得，公司的飞机上也必须时刻都有储备。有一次，他从远东出差三周回来，在飞机上一直在喝当地买不到的莫尔文矿泉水。我问一位空姐（就是那个想抽烟的空姐）他们是怎么在“湾流 4 号”飞机上存储这么多莫尔文矿泉水的。“我们只有四瓶这种水，”她说，“这几瓶喝完的时候，我们就随便找点儿什么水给他重新装满！”

这种事情在巴西重演，险些酿成一出闹剧。林恩·霍尔斯特德，拉美业务部的执行副总裁，为了迎接菲尔·考德维尔的到来，在圣保罗的高级赛马俱乐部举办了一场隆重的商宴。菲尔想喝莫尔文矿泉水，林恩勉强说保证有充足的供应，于是在宴会前给赛马俱乐部送去了几瓶。快到上酒水的时间了，林恩、员工和客人们的杯子里都被倒上了上佳的巴西白葡萄酒。菲尔的杯子也被倒满了。等等！这是什么？一个由手巾包裹好的银色酒杯！“不，不！”菲尔说，“我要喝莫尔文矿泉水。”领班的服务员赶紧走过来看出了什么事，试图平息略有骚乱的场面。“先生，这就是您要的莫尔文矿泉水。我们不过是用酒杯来盛而已。我们从来都是把水倒进这种冰冻过的酒杯的。这样更尊贵一些。但是我向您保证，这里面确实就是您的莫尔文矿泉水。”菲尔不相信他，“我要我的莫尔文矿泉水，我要盛在原装瓶子里的矿泉水，明白了吗？”林恩这时耐不住了，告诉领班要按照考德维尔的指示去做。俱乐部的经理打断了他的话，站得离餐桌足够安全，对林恩说他才不管谁考德维尔算什么东西，他绝不会把水瓶端到餐桌上来。“另外，”他说，“我向你保证了，酒杯里的就是莫尔文矿泉水，如果你不相信，就是在质疑我的诚实。我是不会忍受这种行为的！”

林恩处理得很巧妙：他先是将经理夸赞了一番，又再次强调了一下菲尔·考德维尔的尊贵地位，提醒经理就在刚才，这个俱乐部又得到了福特的一单大生意。“你和我都是朋友，以往也合作多次了。现在给我帮个忙，给考德维尔先生拿一瓶原装的莫尔文矿泉水吧。”经理最终还是妥协了。菲尔骄傲地从那非常特别的原装瓶子里给自己倒了一杯矿泉水，感觉很满意，将那杯水一饮而尽。林恩接着感谢了经理一番，谢谢他的理解和体贴。“这很容易，”他回答道，“事实上，我做得很开心。我把他那杯莫尔文矿泉水泼到下水道里，然后在那原装的瓶子里灌满了我们巴西‘特制的’自来水。”

遗憾的是，菲尔的过分坚持也会造成灾难。欧洲福特已经在 1977 年成功地推出了次紧凑型车嘉年华，是时候该推出护卫者了。护卫者是计划1981年推出的前轮驱动紧凑型车，其设计和发动机都很现代，比嘉年华体型略大。菲尔却想用生产嘉年华的平台生产护卫者（从根本上讲算是现代车的底盘，也会有新的长度和宽度）。我们都知道这是行不通的。次紧凑型的车，在欧洲人看来（或者在现在的美国人看来）是比紧凑型车要整整小一号的，怎么可能乔装打扮一下就变成紧凑型呢？我们试图解释给他听，但是没用。最后，在一个特别费力的会议后，菲尔同意计划中的1981年的护卫者需要成为拉长版嘉年华。这最起码解决了车身长度的问题，但是留下了关键的宽度问题没解决。已故的通用设计部的执行副总裁，优秀的比尔·米切尔总爱这样说，护卫者看起来就像是“在一个狭窄的走廊里被设计出来一样”。

好吧，我觉得，我们至少不是一无所获吧。欧洲福特工程部的执行副总裁发话了，“菲尔，我们不能只把车子拉长，总得把车子加宽才行啊！”我心里明白，只要我们坚持使用同一个平台生产，就不可能再把车子加宽，估计菲尔听了以后肯定会说，“你到底想干什么？‘加长又加宽’就意味着要全新的底盘，我让你做这些不就是为了避免使用新底盘吗？”结果，他竟然笑着对这个副总裁说，“现在我们正打算这么做呢！把嘉年华的平台加长加宽，就这么办！”

这太让我意外了，我们刚刚告诉他护卫者需要什么尺寸！再也不能说这是“全新的底盘”了，相反，我们必须永远将其严格地称为“加长加宽后的嘉年华”。因此，我们也不算是在骗人，至少这底盘有3英尺的部分跟嘉年华是一模一样的。这样，嘉年华的血脉仍然存在着，我们终于得到想要的车型了，但是一分钱都没省。菲尔 · 考德维尔倒是挺满意，拍拍屁股就潇洒地走了，仿佛是多亏了他的领导，我们面临的次紧凑型和紧凑型车共存的问题终于解决了，工程和生产的效率都会提高，虽然只是他一个人的想法。我们始终把这件事看成是“再把莫尔文矿泉水倒回瓶子里”的故事的新版本。

1981 版的福特护卫者上市后被选为欧洲年度汽车，与美国的护卫者（相似，但是没有什么相同点）一起成为了世界最畅销的汽车。

菲尔在跟别人讨论时从不认输。我记得有一个漫长的会议在欧洲福特大会议厅举行，会上我们希望菲尔能支持载重卡车项目。以前的福特 D 系列车是最常见的产品，D 系列不是很带劲，但是承重较大，所以我们设计了一种全新的中重型汽车，准备在欧洲推出，取代过去备受尊敬的福特 D 系列车，尤其是在英国市场。

我做了个演示报告，然后讨论开始了，从下午 2 点讨论到 4 点。我们没想到菲尔对细节的重视程度如此之深，他把自己当做商业汽车行业里的老大，只因为他曾经管过这一业务。他老是打断我，搞得我几乎无法完成演示。他不断地问：我们主要的竞争对手是谁？为什么是这个对手而不是别人？为什么顾客会买他们的产品而不买我们的？他们的产品马力有多少、载重量多少、可靠性的评分有多高？为什么大家会买我们的车？我们能否再推出更大的车型？这种常规的车型和那种长途的、可以在里面睡觉的车型有多少相似之处？为什么不能再像一点？竞争对手的车跟我们的有多少共同点？为什么我们不能更像他们或者跟他们差距更大？为什么在英国的工厂生产？为什么不在葡萄牙生产呢？……很快就到了 4 点，排在我后面的报告者们都来不及发言就被撵回家去了，菲尔还是对我的报告问个不停，比如我们要做什么、跟谁竞争等等。菲尔 6 点半还要跟高级经理团队在伦敦一个著名的饭店吃饭。时间越来越晚，菲尔不停地用更细致尖锐的问题来刁难我。到了 6 点 50 分，菲尔终于意识到还有个正式的晚宴要参加。他很不情愿地终止了会议，说下次再选个时间继续这次关键的对话。（幸好以后他没再找我们继续讨论。载重卡车项目后来搞得很不错，虽然竞争很激烈，但是也算是个成功的项目。）

我们总算离开了这乱糟糟的会议室，我负责善后，是最后一个走的。我有点儿疲倦了，而且不知道自己到底算是成功了还是失败了——跟往常一样，只要跟菲尔在一起，他的口头和肢体语言给你的反馈永远是中立的，看不出什么倾向性。我难以判断菲尔·考德维尔喜不喜欢我，是否认同我的演示，也许他只因为我至少还是公司的执行副总裁，所以出于尊重，单纯地忍受着我罢了。我准备离开房间的时候，正好碰见了查尔莫斯·戈耶尔特，他是亨利·福特二世的助手，经常代表后者来参加各种会议。由于种种原因，福特先生那天没来参加会议。查尔莫斯默默地参加了整场会议。他很诚恳地看着我，停了一会儿，慢慢地说，“世界上最伟大的傻瓜可以提出最聪明的人也无法回答的问题。我们吃饭去吧。”这下我感觉好多了！

菲尔常常邀请我去他在玻璃宫的办公室聊一聊。名义上是聊天，其实主要是我听他说。一般是在忙了一天以后，从 5 点听到 7 点。菲尔爱用他的军旅故事来做开场白，时不时还把麦克阿瑟挂在嘴边。他总会展开来讲，讲得很详细，讲的也都是指挥官被给予“特殊信任和自信”之类的故事，还有一系列的道德、规矩、行为准则。不管他讲什么，我只是点头应和着。但是在每次快要讲完了的时候，菲尔总是看着我说，“反正你是理解不了的，因为你从来没打过仗。”每当那个时候，我都会说，“可是你知道的，菲尔，我在海军陆战队干过 5 年的喷气机飞行员呢，我还在预备队做了 6 年的飞行员。我被授予过上尉军衔啊。”即使我这么说，他也没觉得怎么样，他会坚持认为，我这种无药可救的愣头青反正是理解不了他这个伟大军官的。

考德维尔任职期间，麦肯锡咨询公司开始成名。集团聘请了麦肯锡进驻，为了改善福特汽车公司拖沓的决策和审批程序。麦肯锡这些聪明人，配合福特公司那个对谁都无所顾忌、让所有人都胆战心惊的财务组（这个财务组是由福特“奇才”小组成员之一、充满传奇色彩的艾德 · 兰迪建立的），共同创建了一个封闭的网络，为每个项目都实施预分析、进程分析、事后分析，结果各个项目都难以推进，弄得搞业务的人什么都做不了。最后，我们这些人都感觉像在走独木桥、随时会掉下去一样。

无所畏惧的咨询师们约谈了很多员工，不敢说有好几百，也至少是几十人。大家都觉得霸道的财务部让公司的效率降低了。我在麦肯锡的熟人向我保证，事情最后是会往好的方向发展的。几个月以后（感觉过了好几年似的），大审查终于结束了，被大家一致声讨的财务部毫发无损，但以后必须面对“公司战略和分析”（Corporate Strategy and Analysis）小组的对抗了。“公司战略和分析”小组简称 CSA 小组，直接向首席执行官汇报，一直都被渲染为“财务部的竞争对手”。

审查结束以后，大家并没有感到开心，因为以后不是只应付一组这种对屁大点儿事都精于算计的“精算师”，而是要应付两组这样的人！当然他们两者还是有区别的，财务部主要侧重于剖析中短期项目的量化指标，CSA 则主要负责公司长期战略的审查工作。

读者们也许还记得，在 80 年代早期，一家居于老大地位的咨询公司，认为美国的公司需要更多高度细致的长期规划。我当时，甚至一直到现在，都对此表示怀疑：在一个技术、管理、监督和经济都极度不稳定的环境下，我们连明年要发生什么都预料不到，还要那么多高度精确的、有十几年跨度的商业战略干吗呢？为什么要浪费时间来过度预测一个我们看不到的未来？可惜，我的话没人肯听。

这种事，菲尔·考德维尔就特别喜欢做。他终于可以做那些“有远见的老板们”需要做的事情了：放眼未来，规划蓝图！他花了无数个小时开会讨论各种函数、各种方程，一个个都看上去无比精确，每个都针对 10 年后的时间和地点进行了细致的描述。作为执行副总裁，我只能一天天坐在那里陪他开这些无聊至极的会议，陪他讨论长久的未来到底是什么样子。

有一次，我们进行长期产品的规划会议，集中讨论福特“护卫者”的精确需求（包括尺寸、重量、成本、质量），结果讨论出了两代车型。我坐在菲尔左边，听到的都是“座位前方伸腿的空间应该精确到多少毫米”之类的辩论，事实上那种车型我们计划生产都是在 7 年之后了。

我就跟着瞎混，得到允许以后，慢慢地点了一根烟抽。

菲尔转向我，当着那么多与会者的面，说道，“你明显心不在焉，鲍勃，我们让你无聊了吗？”我回答道，“菲尔，我不是想冒犯你，但这些讨论都是徒劳的。接下来的 7 年当中，我们都没计划怎么开发这个车呢，现在就开始讨论它的下一代。我们不知道未来燃料的价格、法律规定、甚至竞争对手的车型会是什么样子。如果大众公司从现在起的 6 年内推出巨大的高尔夫[1]并且大卖怎么办？难道我们不该以它为对手来发展吗？我们今天开会的内容，我觉得现在还不是讨论的时候，这就是我为什么会让您觉得心不在焉的原因！”

菲尔既震惊又不满，坐直了身子，噘着嘴，转身朝向大家，慢慢地说，“好吧，当初我们摆脱了艾柯卡[2] 的时候，我还以为再也不会有胡言乱语的家伙出现了。很遗憾，根本不是这么回事！”显然，这一天又是对我职业生涯有害无益的一天。

看过了菲尔 · 考德维尔任高级经理期间所做的事情，似乎完全可以把考德维尔看成福特公司的齐格上校[3]：小气，只关注个人威望，不关心下属，在业务上总是判断失误。简而言之，这种个性是很难引导一个当时世界排名第二的汽车公司走向辉煌的。

让人想不到的是，这个人成功了。虽然菲尔不关心业务，不是一个“汽

---

❶ 高尔夫（Golf）：大众公司 1974 年推出的经典小型家用车型，之后不断推出新一代的产品，是大众公司最畅销的车型。

❷ 李 · 艾柯卡：前文已经提到，时任福特汽车公司总裁，是他招聘了作者鲍勃 · 卢茨到福特公司任职。

❸ 齐格上校（Captain Queeg）：赫尔曼 · 沃克所著的小说《凯恩舰事变》（The Caine Mutin）中的人物。该小说是 1951 年成为《纽约时报》畅销书榜的第一名，持续时间长达 32 周，在 1952 年获得普利策奖后再次登到榜首持续 15 周，并于 1953 年第三次登顶。在小说中，海军上校齐格是二战时美海军“凯恩”号驱逐舰舰长，他在指挥中经常出错，且从不承认错误，还多次威胁下属把分配的酒让给自己，最后经过一系列的事件后，失去了舰员们的信任。最终，齐格上校成为了懦弱、残暴、无法胜任工作的人物形象的代名词。

车界的人”，不是技术出身，总爱用更多的数据来进行所谓的理性决策，但他是一个目标很明确的人，这足以让人忽视他数不清的怪癖和缺点。菲尔对质量的追求很执着。他用尽全力，让福特在质量上成为世界汽车行业的领导者，甚至超越了当时似乎不可能战胜的丰田汽车。当时在美国，人们普遍认为“没有人是完美的，只要做到足够好就行了”，也总是觉得“我们只要能达到通用公司的质量水平就可以了”。

菲尔可不这么想。他用他惯有的顽固和不理智，一步一步地，“每次都要把这种懒惰的思想扒一层皮”。每当有人说，“看，菲尔，日本的供应商质量更高”，他就回答道，“我们要么找到同样高质量的供应商，要么就让他们在美国的供应商跟我们福特组建合资企业”。菲尔·考德维尔就像一个无情的压路机，慢慢压碎了所有不愿提高质量的借口，才得以提高福特的质量水平。我总忘不了，福特在遇到财务困难的那段时间里（克莱斯勒那时也很困难，寻求得到联邦政府担保贷款来渡过难关），很多人都警告菲尔，如果福特继续在质量上太过坚持，成本会居高不下。菲尔总是说，“我们可能会破产，我希望不要这样，但是如果我们真的破产了，我愿意看到人们这样怀念我们，‘真可惜！福特当年的产品，不管是轿车还是卡车，可都是世界上质量最好的啊！’”

菲尔对产品是否能吸引眼球相当执着，大力提倡先进的欧式设计。他意识到美国人的品位会很快从传统的、耀眼的、四四方方的、塑料顶棚的汽车，变成德国人设计得更圆滑、更突出功能美学的汽车，就像奥迪和宝马那样的风格。

因此，在他的全力支持下，福特推出了金牛和黑貂两款双胞胎产品：流线型设计、符合空气动力学的中型轿车，风格与美国历史上所有汽车都不同。对于这两款产品，我是有很大贡献的，虽然我是国际业务部的头儿，当时在工作中也不需要跟美国本土的项目组有任何瓜葛。当时我跟杰克·特奈克有过多次会面，杰克是时任福特首席设计师，勇于创新且极具天赋。我们决定，金牛和黑貂要走大型的奥迪 5000（当时叫做奥迪 200）的风格，成为奥迪 5000 的美国版，成为未来的象征，在空气动力学上要更加高效，便于乘坐。唐·皮特森，时任福特主席，被任命为菲尔·考德维尔的继任者，也非常赞同福特“金牛”的项目。唯一一个提出反对意见的高层领导是哈罗德 · A. “里德” · 保林，当时是福特北美业务部的头儿。（在保林的讣告中，他却被说成是为金牛的推出做出贡献的人。事实上，金牛是在他的挖苦和反对声中诞生的。下一章会详说此事。）

菲尔 · 考德维尔把金牛和黑貂称为“我们的银光子弹”，因为设计部的汽车土质模型当时是被上了闪亮的银色金属漆的。菲尔对这两款车的判断是正确的，它们确实深深地影响到了福特的发展，它们的上市大获成功之后，菲尔的任期就到了。之后，福特公司和股东们的日子就越来越好过了。

菲尔这个高级领导，既好大喜功，又注重仪表。他有很高的天赋，也经常冒充专家，深受其害的人们很难相信，这种卑鄙的、可怜的、缺乏经历的家伙竟然能爬到那么高的位子上。可是，人们每天同时还忍受着他对服从的要求、对特权的要求、对“领导特供”产品的要求，于是就不难相信，就是他！就是这个家伙！大家在生活中都会因为这个人而相互倒苦水。关键在于，你可能觉得自己不完美、工作水平也不够高，但是公司仍然会

用你，而不用另一个人。所以，你必须时刻提醒自己至少一定比那个没被重用的人水平高。

菲尔·考德维尔很出色，同时也问题多多。下面的这个轶事也许能对这个极其复杂的人做最好的总结。

有一次，菲尔像往常一样在快下班的时候把我叫到他的办公室里给我“额外辅导”，就像前文提到的那样。我还是照旧很怕这些东西，警戒心也很重，精神也不放松，因为在整整两个小时的对话里，我从没觉得从他说的话中真正学到点什么。往往是菲尔已经啰啰唆唆训诫了很久，在我看来他还是不知所云。但是，这次不一样。过了一会儿，菲尔沉默了，好像在琢磨着什么。然后他说话了，“我要给你看一样东西，见过的人不多。”说着，他走到办公桌后方的书橱旁，抽出了一个深红色封皮的相册，看上去很厚重。里面的每一页都有照片，都是菲利普·考德维尔跟州长、王子、国王、酋长、中国总理和副主席等人的合照，上面都是世界政坛、科学界、皇室以及商界的名人。这个册子里的照片精彩极了。

他一张一张地翻给我看，给我讲解。结束之后，他很郑重地合上了册子。这时，我注意到封面上金色的浮雕标题。突然间，我就特别能理解菲尔·考德维尔这个人了。他的希望，他的梦想，他的冠冕堂皇，甚至他的缺憾，都被巧妙地涵盖在了这个标题里了。标题是这样的：“所有遇到过我的重要人士”。

第7章

哈罗德·A.“里德”·保林

福特汽车公司首席执行官（1990~1993）

精算师中的精算师——假如一件事情不能量化，我就对它毫无兴趣。

1974年的夏天，我从慕尼黑做宝马销售和市场部的执行副总裁，跳槽到德国福特任总经理。在名义上，这是挺大的一个官职；从埃博哈德·冯·金海姆的手下，变成了德国一家汽车公司独掌大权的人。但是只有我知道，现实并非如此美好：德国福特过去曾是一个很骄傲的独立公司，就像它的姐妹公司英国福特那样，拥有自己的汽车生产线，可以制造自己的发动机，配有独立的生产团队、财务人员以及采购人员等。这种状况从20世纪30年代持续到了60年代。但是如今，但凡汽车公司想要成功，其销售量必须大幅提高。因此亨利·福特二世，这个汽车界最有眼光的人，认为福特在欧洲的多种业务必须得到整合，在将来形成一个泛欧洲的大业务部。在一系列组织层面的阵痛和众多对公司垮台的末日预言之后，欧洲福特在艾塞克斯的布伦特伍德成立了，距离伦敦不远。把总部定在英国，是因为新的欧洲福特需要大量来自美国的高级员工，而随他们而来的妻子们为了照顾他们的生活，需要一个说英语母语的环境。自然的，德国人发现他们在英国设立总部时，心里的挫败感几乎就像二战失利一样，大家都担心将来更多的决策会偏袒英国人。眼看着欧洲福特那么多的岗位都给了受过良好教育、表达上更清晰、政治上更成熟的英国人，德国人的害怕是不无道理的。很快，沃利（福特欧洲总部所在的小镇）就在德国福特变成了一个侮辱性的词汇。

不管怎样，福特的这种理念是正确的，因为总部现在将英德两国福特公司的成本、投资、会计事务都整合起来了。总部统管生产制造和工业设计，联合设计规划的新车，有一部分由德国负责，另一部分在英国这边来做。因此就形成了一种有趣的现象：成堆的工程师往返于德国科隆机场和英国斯坦斯特德机场之间，他们搭乘的不列颠航空公司 BAC 1-11 客机上，还装载着大量的仪表盘、格栅、前护盖、汽车悬挂件等行李。

但有些事情是欧洲福特无法真正整合的，那就是销售、市场、公共关系及公司和政府关系的处理，这都是无法由总部来指挥、监控、检查和推介的。我本来要监管这些部门的，但是德国的公司法规定管理董事会要向德国福特的首席执行官汇报，这样一来，我虽然在“法律名义”上监管这个德国企业的方方面面，但是却很难召开每周举行的管理董事会议来听取汇报，因为几乎董事会的每个成员都直接向在沃利的美国人报告！但是实际上，我面对这种情况却游刃有余：我的瑞士背景、曾经在宝马工作的经历以及一口熟练的德语，都让德国人把我当成了他们的自己人。与此类似，在沃利的时候，我的美国背景、我在通用的工作经历，加上我流利的英语，大家也都把我当成他们一伙的，而没有把我看成是那种总是爱发牢骚、总是对沃利和公司整合不满意的德国人。在某种程度上说，我就像一个文化桥梁，使得每个人都喜欢我。人人都以为我跟德国媒体以及政府的关系良好，掌控着一切，甚至包括处理令人头痛的劳工关系。而事实上，除了我负责的销售、市场、公共关系及与政府的关系等事务，我基本什么都不插不上手。

哈罗德·A.“里德”·保林是我到任时欧洲福特的首席财务官，我在德国福特的首席财务官之前跟我说过，说他在沃利真正的上级领导是一个狗娘养的东西，顽固又难缠。

里德·保林早年在美国福特把事业做得风生水起，曾任钢铁部、传动部、底盘部、发动机部的控制员，最后成为北美福特产品开发部的头儿。

他感到自豪的事情，就是他一直担任业务上的财务工作，而不是像公司财务们那样天天待在象牙塔里，舒舒服服地上班，不懂业务上的事情，他的这种优势是无可争议的。毫无疑问，里德·保林明白汽车行业该如何做，他对此非常熟悉，因为他有亲身实践的经历。但是有一点，他丰富的一线工作经历，让他固执地认为汽车行业就是由一系列高度复杂的数字和流水线零部件的预算组成的。

我第一天在科隆的德国福特办公大楼上班，是由我的司机开着一辆脏兮兮的、英国福特设计的格拉纳达（这款车跟那款同名的美国车外形没有相似之处，但是设计得一样烂）送我的。过去3年里，我的司机开的可是超棒的3.0排量的宝马轿车，现在变成这种烂车，很明显是退步了。

假如说配车档次的下降让我失望了的话，作为首席执行官[1]的办公室那才是让我沮丧至极。地毯颜色是福特标准的灰色，这种地毯在工厂里以及其他人流量大的地方随处可见。这并没有什么错，但是在地毯中央有两个巨大的洞，透过它们能看到下面的烂油布。浅褐色的木制办公桌体积非常大，破烂不堪，桌子的两个角都没了，有些抽屉的拉手也没了。暖气片的外盖是橡木的，体积也不小，有很多裂口，上面还积了厚厚的灰。会议室的桌椅情况更差。这一切还都不够，外边上一棵又老又脏、光秃秃的榕树，成为了这衰败场景的最佳点缀。

我向德国福特总务部的头儿（他不用向我报告）反映了此事，然后问他，“在这种烂地方办公，我怎么接待重要的来宾、经销商、供应商和媒体

---

[1] 此时作者只是德国福特公司的首席执行官，并非欧洲福特的首席执行官，法定权力可以掌控德国福特，但是实际上要听从欧洲福特总部的安排。

人员？”他对我的想法表示了同意，于是把桌子、家具、地毯、办公桌装饰等事项集中起来给欧洲福特写了一个报告。那不算是浪费，我记得总共是 1.5 万美元（当然是按 1975 年的美元算的，如果换算成现如今的成本，就要乘以 3 了）。这件事情一直没有下文，直到有一天那位好脾气的年轻人来到我办公室之后，沉默才被打破。他做了自我介绍，说他是格里 · 格林沃尔德，是欧洲福特总务部的头儿。

“我之所以来您这里，是因为里德 · 保林认为这个办公室不需要修缮。他讨厌翻修办公室。事实上，除了地毯，这里并没有那么糟糕，肯定符合福特公司的标准。我相信我们还有些灰色的地毯，当然也是福特标准的地毯。我们会给您切割几块地毯来补上这些洞。”“格里，”我说，“你傻吗？我要在这里迎接客人！这种景象会给客人留下什么印象？”

格里耸耸肩，给我一副“不关我事”的表情，我就把他轰出去了。我很愤怒，就给我们总务部的头儿打电话。“我知道事情会变成这样的，”他说，“你知道的，他们宁愿花钱让格里坐飞机过来，也不愿意批准我们合理的微小要求。我看看能不能从剩下的预算里给你拨一点儿钱出来吧，你别操心这事了。”

之后，我去美国出差了一周时间。我回来以后，走进办公室，遇到了我那个喜气洋洋的秘书。她把我带到办公室，结果我差点都认不出来了。这里有了黑色的办公桌，平阔的不锈钢桌面一尘不染。暖气片的盖子也成了不锈钢的，看上去非常高端大气。地毯变成优雅的苹果绿色，而且表面也被仔细地修剪过。会议室的桌子有着厚厚的玻璃桌面，后侧的墙面也变成了光滑的深褐色软木材质。墙面中心挂着框图，里面有一幅设计图，原型是福特中型发动机的未来主义运动车。

我被这场景惊呆了，立刻就给总务部的家伙打电话。“我的办公室怎么回事？”我害怕的是他为了我违规挪用款项。“别担心，先生。我用的都是维修预算。设计部的人（这些人实际上也不必向我直接报告）同意帮忙做的，认为代表着自己公司形象的领导拥有一个说得过去的办公室，也算是自己的面子问题，所以他们设计了新的办公室，把东西都配齐了。桌子不是新的，只是重新改造了而已。其实我们都很爱做这活儿。这个感觉就像往福特欧洲总部的鞋子里撒沙子一样，你应该能明白我的意思”。

当然，绿色的地毯是全新的，花了 400 马克。我还了大概 200 美元给公司，这一做法是明智的，因为一向眼尖的格里下次来的时候，他也大吃一惊，问我，“这些东西都是怎么来的？”“普通的维修预算款项罢了，格里，这是地毯的收据。你可以拒绝我的装修要求，但是你不能强迫我在一个鬼地方工作而且接待客人吧！”

（格里本质上是个好员工。他后来做了福特在委内瑞拉的首席执行官，但是很失败，然后当时克莱斯勒的首席执行官李·艾柯卡给了他首席财务官的位子。再后来，他做了克莱斯勒公司的下属部门克莱斯勒汽车部的首席执行官，那个位子当然就是艾柯卡之前做过的位子。1986 年，当我入职克莱斯勒的时候，我是向格里报告的，我们的合作很不错。）

办公室装修的这件事，只不过是我与里德·保林之间交锋的冰山一角罢了：事无巨细，必须要接受他质问；成本不分大小，必须减掉 20%；支出款项不管合不合理，都要彻查是否有垫补或欺诈行为。这是一种最恶心的微观财务管理方式。这种锱铢必较的做法，除了会阻碍工作进度，事实上还造成了很多隐性的浪费，也导致了成本的上升。调查要花钱、反复证明要花钱，而且聪明的员工（比如我的总务部经理）会想尽方法去换种方式做事情，也要让公司浪费钱，这让人们用更高的成本去完成工作，要用各种的借口去修改已经批准的预算，来避免向上一级提出预算申请。

1976 年春，我从“保林王国”得到了第二次教训。预算部门希望我们把所有产品的价格都提高 4.3%，那时候在联邦共和国这是很正常的事情。当时的德国政府（那时是社会党执政）和其他汽车公司也有一种不成文的协定，必须先与德国强势的金属行业的工会组织——德国金属工业工会——完成年度的工资协商之后，再上浮产品价格。因为在调整价格的时候，我们可以说导致价格变化的是工资水平，而不是如工会说的那样，是价格的变化影响了工资。

问题是 1976 年的工资协商一拖再拖（参加协商的是雇主联合会而不是个体公司），时间已经超过了调整价格的截止日期。保林很不高兴，一直问我为什么不调价。我反复跟他在电话里解释，政府和媒体如果发现工资还没涨，物价就开始涨了，后果会很严重。我强调，如果我们真那样做，工会甚至将要求给予更大的工资涨幅。（我的话后来应验了，我在德国汽车业和金属业的老板朋友们自然都认为我是造成这种后果的罪魁祸首。）

保林不为所动。“我真想给你看看，因为你迟迟不调整价格，德国福特每天损失的利润有多少！我告诉你，你别整天跟我说‘你认为’怎么怎么样，你要让我听你的，就必须给我拿出过硬的数据分析结果，让我知道，如果我们把政府和媒体惹毛了，要承担多大的成本！”我是比较诚实、也比较实际的一个人，所以我告诉他，如果非要给他说成本是多少，我只能大概猜一个数，因为这是没有先例的，从来没有哪个公司敢于破坏这条潜规则。“如果你给不出来，”保林还在跟我对着干，“这周末就要给我调价！”结果，我只好照做了。

如果功劳有十分，就算我只出了八分力，那么别人赞扬我的时候，我也不会觉得难为情；但是现在，因为做了一件自己本来极力反对的事情，我却要承担人们的各种咒骂。尽管事情难做，我也还是要在电视台和记者们面前说“这样做是很好的，因为工资协商拖了太久”。所有的首席执行官都在给我打电话，雇主联合会的头儿也在找我，全都问我是不是疯了。德国议会还想着对此进行正式的问询（幸好这事儿最后没发生），这哪是我能轻松应对的？经销商们更受打击，愤怒的顾客们纷纷取消订单，报纸杂志大张旗鼓地表示反对，就差要号召全国民众抵制福特产品了。在几个月的时间里，我们的市场份额一落千丈；尽管增加了销售的提成，这一年还是走掉了大批的销售人员。我们辛辛苦苦建立起来的东西，一夜之间都拱手让人了。

事情过后，保林开始了他的“分析”，但是再没拿出来讨论。里德·保林作为精算师教派的领袖，始终活在由电子表格和预算“定时”组成的世界里，却忽略了真实世界中那些无法琢磨的因素，而得到了现实的无情打击。这种事在我的职业生涯中经历了太多次，因此我能看得清清楚楚，而这一次，同样的场景再次上演，给公司造成了几百万美元的损失。

尽管历经挫折，德国福特还是在 1977 年获得了高额收入，从欧宝、大众和法国品牌那里抢来了很多市场份额。这样的业绩让我荣升为欧洲福特卡车业务部的副总裁。那个部门的事情我本来懂得不多，但是我很快就喜欢上了这里。这里与客车类的部门不一样，品牌的形象不是影响人们是否购买的最大因素，因为中重型（懂行的人知道，基本是 5、6、7、8 级[1] 的）卡车是要干活的，好不好用、成本高不高，这才是关键的。

欧洲的中轻型卡车很快就过渡到使用柴油机了，值得欧洲福特骄傲的是，福特的 A 系列卡车体积小、价格也不高，是欧洲生产的第一批配有灵巧四缸柴油机的卡车。这种车很受农民、小型建筑的施工人员、市内邮件投递者们的青睐。柴油机的燃料成本低，每公里的行驶成本就小，我们占据了这种优势，销售额的增长相当快，甚至我们生产约克柴油机的速度都赶不上卖车的速度。

但约克柴油机的生产也不是一帆风顺的。很快我们就得知，很多车辆还没跑多少里程，发动机就坏掉了——要么是活塞的连杆断了，要么是曲柄断了。最常见的，似乎是因为曲柄的压力莫名其妙增加了，最终油尺会被发动机击中，有些情况下油尺会穿透发动机盖，滚烫的机油就随之喷涌而出。发动机的问题很大，卖出去的卡车经常是跑了没多久就坏了，而本来这些车至少都能跑到 20 万英里的。我记得没错的话，当年的保修时效特别短，令人不可思议，只有 6 个月或 12 个月，车主甚至都无法找公司理赔维修。

返回公司的坏发动机堆成小山，我们都收集起来，然后做了一个根源性故障分析。与我之前想的不同，问题不是出在生产工艺或材料质量上，而是出在发动机的基础设计上。要解决问题很简单，只要重新设计一下就

[1] 美国的卡车，根据车辆的额定总重量被划分为 1-8 级，其中 1-3 为轻量级，4-6 为中量级，7-8 为重量级。

可以了，但这会导致成本的上升。我去找里德·保林，他那时已经是欧洲福特的总裁了，他的上司是一个生产部门出身、叫做杰克·麦克杜格尔的苏格兰裔美国人，人很小巧，看上去也很可爱，当时是欧洲福特的董事长。

我本想花 4000 万美元来解决约克发动机的问题，然后每个发动机的单价成本需要增加 79 美元，结果我的直属领导里德·保林一分钱都没给。

“为什么我们要花这笔钱？”他问我。

“因为我们的发动机故障率太高了。”

“我们承诺保修内免费维修的成本是多少？”

“那倒没花公司什么钱，因为车基本都是刚出保修期就坏了。”

“那我们为什么要去修？我们的车都卖光没有？”

“到现在为止，都卖光了，但是如果不改进，很快就会传出差的口碑，将来不会有人买我们的车。”

“那是你的看法，”保林说道，“我可不这么想。我们把车都卖掉了，维修的成本也不高，那干吗还要花大价钱去增加成本？我才不会批准你的计划！”

结果呢，人们纷纷都说福特的车不好，后来真的没人买了。保林有一次在美国待得时间有点长了，人不在公司，结果问题暴露出来，有个上层领导得知了此事。结果，个子小小的杰克·麦克杜格尔就代替以往主持会议的保林，召集大家开了个会。

“约克发动机真是烂！”杰克说，“我要看到改进方案。”我当时碰巧手头有一个方案，就拿出来给他看，但是这样一来，杰克就明白，里德·保林之前是看过的，是他拒绝了这个方案。“不能只靠天天研究数字来开公司吧，我们还要对顾客负责。我必须花钱来修理这个发动机，维修组和其他各种必要的花销我都会批准，但是我们的发动机必须结实而且可靠。这个方案的预算你们还要再砍掉一点儿（在福特，方案预算不砍掉一点儿都是通不过的），然后就给我抓紧去实施！等保林回来看我怎么修理他。”

尽管匆匆忙忙地实施了计划，最后也是花了将近一年的时间才完善了约克柴油机。很多年后它都没出什么问题，但是几乎都配在“福特全顺”厢式货物运输车里了。早年只有 A 系列的卡车配有约克柴油机，基本都由车主自行拆解了，A 系列再也卖不出去了。每一个潜在的个人或车队买家都听过这个故事，那时候可是比阿尔·戈尔[1]开始投资进行互联网建设还早几十年呢。对于一丝不苟、只认数字的“精算师”来说，这又是一次惨痛的失败。

杰克·麦克杜格尔在 1979 年退休了，里德·保林便成了欧洲福特的董事长，虽然他不同意，但我还是被提升为欧洲福特的总裁[2]。事情就开始变得更微妙了。我每天都坐在里德的左手边数个小时，开各种没完没了的会议，被迫听着他讲教科书上各种微观管理的案例。

在人员编制预算的会议上（欧洲福特那时有 2.5 万人在领工资，看趋势是要超过 3 万），每个主要职能部门提出的人员需求，要按照每个部门、

[1] 阿尔·戈尔（Al Gore）：1993 年成为美国副总统，1992 年他作为参议员提出了美国信息高速公路法案，1993 年成了“国家信息基础设施”计划的政府负责人，帮助美国在咨询科技和互联网高科技等领域占据领先地位，信息科技产业也由此成为了美国经济的主动力之一。

[2] 此时作者成为了欧洲福特的总裁，职位在里德·保林之下，是欧洲福特的二把手。

每个车间、每个人头挨着过一遍。有些执行副总裁带着他们的控制员来的，提着 7 个新秀丽牌旅行箱，里面装满了相关的文件。里德听完了他们令人叹服的故事，然后按照一贯的风格说，“我是不会给你 6 个人的。就给你 2 个。好了，下一位。”汇报者的脸上并没有失望的表情，我一下子就明白了：他们都是先超额上报要求，因为知道“请求”一定会被“砍掉”一半或者三分之二。

这个过程真是浪费时间，而且效率极低。如果所有的要求都被满足的话，总员工数将会超过 2.8 万人，可结果最后只是比 2.6 万人略多一点。里德·保林将此归功于自己强硬、不妥协的领导风格。而在我看来，这事儿他办得很没水平。

几年以后，上级再一次不顾里德的反对意见，让我取代他成为了欧洲福特的董事长兼首席执行官，并进行了同样的预算审核工作。我最多用了一小时。会议室里聚集了所有职能部门的头儿，我跟他们所有人都达成一致，让今年人员总数不增加。“你们就只能有这么多人了。改组也好，整顿也好，你们想怎么做就怎么做。就是不许加人。”同时，我允许这些执行副总裁不经上层批准就可以直接招人顶替流失的员工。这听上去好像应该是很自然的事情，但是在里德·保林任期内，退休、死亡、辞职的员工造成的岗位空缺，都不能由各部门招人来直接顶替上任，而且如果员工要被辞退，就要费劲写一份冗长的申请，然后还要得到“人力统筹委员会”的批准，这个过程让每个人都憎恶，所以会有员工不经此手续直接被辞退，但里德·保林也不许各部门自己招人来顶替。这等于是我把公司这个愚蠢的制度给废除了，不仅仅是因为我对人员编制要求严格而做出的补偿。

如果不是因为刻苦努力，里德·保林将什么也不是。他整天都上班，周末不休息，经常工作到深夜。只要他桌子上有公司的文件，他都会拿起来看。有一次，我在我办公室看《汽车与运动》杂志被他抓到了，这是一本在德国很流行的汽车杂志。他说:"如果你认真工作，就不会有空读什么汽车杂志了。""里德，我必须挤出时间抽空读汽车杂志。我需要知道什么是最热门的，什么是不流行的，竞争对手都在做什么。""胡说八道，人们就是要一部车，每天早上开着去上班，而且不能迟到。你不必读什么汽车杂志就应该能知道这一点。"对于他的这种观点，我真的无言以对。

欧洲福特最浪费时间的月度会议之一就是项目经费审批委员会组织的，主持会议的还是里德·保林。会议的目的是监督并批准欧洲福特 80 亿美元中的每一分花费。这里总是有几百个项目，这种会议经常一开就是一整天。那些成本高达几个亿的项目都能得到批准，当然这些项目都会被压榨一番，被监督。耗费时间的往往是那些微不足道的小项目。

安特卫普（位于比利时北部）装配厂厂长想要一个新的办公椅，结果被拒绝了，然后要重新申请。"为什么一个工厂厂长还要买个椅子？他应该在厂里站着，监督大家。我需要花时间分析一下买椅子的必要性，而且还要分析一下到底为什么整个业务部都找不到一把椅子，非要买个新的？"这把"办公椅"的申请报告打了三次，被拒了三次，最后人家决定不要了。里德·保林把这件事当做重要的教训讲给我听:"如果你对待员工能像这样态度强硬，他们就不会大手大脚了，钱就是这样被我们省下来的。"

另一次冲突，起因是德国福特服务代表的宝丽来相机（这个牌子的相机有人还记得吗？）被偷走了。

里德:“为什么他需要一个宝丽来相机?”

回答:这样他们才能把坏掉的零件拍下来给工程师看,省得把零件带回科隆了。

“那里有多少个相机?”

“12个。”

“大家不能合着用吗?”

“因为他们在不同的区上班。”

“我们怎么计算胶片的数量?”

“什么?”

“我们怎么保存并跟踪胶片?”

对方被惊呆而沉默了。接下来问:“你到底在说什么,里德?”

“很简单。如果我们买了12个相机,我们怎么知道这些相机都被用来拍坏零件了呢?我们怎么知道他们不会使用公司的胶片在周末用相机给家人拍照呢?我告诉你:你下个月要给我重新写申请报告,并给我上报一个合理的流程,来监督并排除非法使用胶片的行为,之后我才能批准你的申请。”

这种流程被写出来了,但是无法实施。不必说,最后肯定也是很快就被大家抛到脑后。

还有停车位事件。英国的达格南工厂有很多停车位。其中一个停车位有些年岁了,结果导致了停在此处的车子受损,需要花5万美元重新整修一下。“其他停车位怎么样了?为什么只能用这个?如果我们不用这个停车位会造成什么恶果?如果我批准了这个申请,那么其他停车位会不会也要申请整修？我告诉你：下个月，不管是谁负责管理达格南工厂的停车位，我都要他过来给我一份完整的停车位状态报告，要给我进行航拍。这零碎的小事儿我才不会签字，我要看看整体情况后再说。”

到了下个月，达格南工厂停车场的情况汇报开始了，一个矮小、看上去很胆小、50 多岁的男人，带着一个画板，胳膊下面还夹着些表格，出现在我们面前。他穿着白色的衬衫，领带很油腻，蓝色的细条纹西服也有年头了，虽然很干净，但看来也是熨过几百遍了。很明显，这是个基层员工，现在是他人生中的重要时刻。他无疑已经告诉自己的妻子和朋友，他今天要亲自把停车场的情况展示给保林董事长和卢茨总裁。他把带着表格的画板立在我们两个面前，自己坐在 U 形桌的弯头处。他很紧张，手里的演示笔在不停地颤抖。这一刻，要么是他职业生涯里的闪光点，要么是滑铁卢。在这场世界上最无聊的汇报里，刚刚演示过两张表格后，劳累过度的保林睡着了。（这是常事。里德 · 保林总是没有时间休息。我倒是睡得挺多，但这并不是因为我夜里睡眠质量不高，而只是纯粹因为感到无聊而已。）

汇报者不敢相信里德竟然睡着了，就一直盯着他。他的眼睛里充满了惊恐，只好转而看着我。我向他微笑，让他放心，然后用手画了个圈，让他继续说。他在那里嗡嗡地说着，又是评估，又是车位计划，还有各种照片，最后终于要讲到“结论和建议”了。

“因此，先生们，我的汇报结束了，希望这里的信息能让你们满意。”保林继续睡着。停了一会儿，我重重地鼓掌，把保林惊醒，给他一种“讲得真好”的感觉，然后我说，“你汇报得好极了。你做得很好，我相信董事长会同意你的看法的。是不是啊，里德？”“当然！”他说道。“你的申请被批准了。”我一直想知道，汇报达格南工厂停车场情况的这个小老头晚上回到家，他妻子着急问他“亲爱的，今天怎么样？赶紧告诉我啊”的时候，他会怎么说？

我总是当里德·保林的替身，是希望最后能取代他。期间我遇到的主要挑战之一，就是英国福特遭遇的那次大罢工。运输和普通工人联合会是一个很大的工会，领导了其他多个工会，在几个小工会的教唆下，组织了工人罢工，要求加薪。英国在这次罢工的打击下损失了很多收入和利润。更糟的是，这时的欧洲福特还不是很完善，没有像以前那样将各项工作分散到每个国家，而是把很多零部件的生产集中在一个国家，需要了就运出来。在英国生产的零部件都供不上来，那么德国科隆、比利时安特卫普、西班牙巴伦西亚、法国斯特拉斯堡等其他各地的工厂的工作都要受到影响，早晚都要停工。

里德·保林自然要求对每个关键零部件都进行分析，看看到底是否能得到供应，其中就包括各种精确的计算，看看欧洲大陆上哪一家工厂要被关掉，什么时候关掉。因为他这时要去美国的家里待几周时间，就把这项重要的工作委托给我这个半吊子。“你只要读报告就行了。我们什么时候要把所有的工厂都关掉？”他问我。

“我知道这些表格是什么意思，里德，”我回答他，“但是我已经知道大家是怎么工作了，我也知道那些正在恢复起来的德国供应商是什么情况，英国福特那帮家伙正开着私家车，车里装着厂里的各种工具，他们会将工具走私到德国科隆，所以这些大陆工厂会在这个分析报告预计的时间的前几周开工。”

里德 · 保林呆住了，显然他很生气。“我有一帮聪明人给我做分析，他们把所有的因素都考虑到了！所有因素！每一个工具和设备的情况、库存的情况，包括正在运输途中的、与大陆工厂生产安排匹配的……我能给你一个准确的时间，那些工厂会在那一刻停工！我做了这么多工作，你怎么能这么随随便便说它不准！你的问题在于你从来不相信数据，这也是你永远无法取代我的原因！你总是自作聪明！听着，你现在就要给我写下来，你觉得那些工厂何时会停工，快写！写啊！”

于是，我接过他手里的记事板，按照他的要求，写道，“大陆工厂不会停工，不管英国的罢工会持续多久。签名：罗伯特[1] · A. 卢茨。”

“给我！”里德 · 保林命令我。“我会锁在我的抽屉里。我要留着它。等那些工厂停工了，我就把它拿给皮特（唐 · 皮特森，时任国际业务部执行副总裁，是里德的上级），让他看看为什么你胜任不了更高的位置。”

这事我很清楚，管他分析不分析，一点儿问题都没有，这个组织会散发出最不寻常的企业家式的热情，永不停工。很多重要的工具和装备都从英国工厂里被偷运出来，装到私家车里，然后被带到欧洲大陆去，这是里德从来都不清楚的，因为这不是一个公司允许的运输流程。人们害怕他知道，但我总是鼓励他们。他们能让我了解员工群体里正发生什么事，这种了解，比起所有那些由警示、责任限制、报错和安全因素等组成的深度分析，能更好地让我预测未来。

我也知道，在西班牙的巴伦西亚，工厂正在迅速调整生产安排，因为要用到更大型的英国产的 1.6 升的发动机，而不再生产嘉年华车型，转而

❶ 英文中罗伯特（Robert）的简称为鲍勃（Bob）。

开始生产使用本地产的 1.1 升发动机的低端车型。整个欧洲大陆的工厂都在更改生产安排，避免因得不到英国产的零部件而遭受损失。这就意味着经销商和顾客们在此阶段的选择更少了，我们不能提供英国更大型的发动机，相应的利润会下降，但生产是不会停的。

当里德·保林安稳地在家待着的时候，我每天都跟我的“线人”联系，他们会准确地向我汇报事件的持续进展，基本上就是对英国的罢工进行隔离，把工会最主要的战术武器给弄走，停产欧洲福特所有的产品。几周之后，里德·保林从家里休假回来，得知即使在罢工持续的时期，大陆工厂也从未停工，始终在生产着。

我问里德·保林，我是否能把那个字据要回来。他拒绝了我，说他还是要留着，因为即使我这次“走了狗屎运”，这字据仍然是我不尊重财务纪律的证据。我在财务方面的冒失行为在此不断被他拿来说。他不停地就财务问题给我进行教育，有一次他说，“你明白吗，你我之间的区别就在于，如果有个魔鬼找到你，说‘只要你在这个汽车项目上的投资比目标成本多花 50 美元，我就保证这个项目能做到最好，做出史上最成功的车’，你就愿意听魔鬼的话，而我不会。”

“只有 50 美元？我当然会接受！你看我们曾因为一个车不够好就要花费几百甚至几千美元，现在才要掏 50 美元，赚大了！”

里德·保林的脸开始变红了！“这就是为什么你开不了公司！”他气坏了。“成本控制的目标一定要达到，你懂个屁！你不尊重成本，你怎么未雨绸缪！（这是他的口头禅。）你一点儿纪律性都没有！你怎么一点儿规矩都没有！（这是另一个口头禅。）”

我还遇到一件糟糕的事情，就是欧洲福特当时的主打车科迪纳，惨败给通用新型的沃克斯豪尔骑士，尤其是在重要的车队领域。似乎通用对市场的嗅觉更敏锐，给骑士装上了磁带机，当年是一种高端的车载娱乐设备。英国商业车队成千上万的车手都在要选福特科迪纳还是选通用骑士这个问题上犹豫不决。结果，磁带机成为了骑士获胜的主要原因。

我当时就问工程部门的人，为什么我们不能配上磁带机，从高端的科迪纳旗舰到车队车型都给配上。我得到的回答是磁带机需要在车门上配喇叭，而我们的车队用的车型都没有能装喇叭的车门内饰板。不管怎样，这内饰板是打算“明年秋季”配备的，已经被重新设计过了。因为我们每个季度都在科迪纳的销售上遭受损失，我就问能不能把这个问题提前解决，尽快完成。我得到的答案是，如果我们立刻去做，次年二月份我们就能生产出适合车队使用的配有磁带机的科迪纳（当时是十月份）。这需要几十万的资金投入，预算是足够的，但是额外的 7 万美元的工程费用，预算里可没有。所以，这个决定变成了，我们是否能用这 7 万的工程预算换来差不多 1200 万的利润？一个我从未见过的“傻子”出现了。在这场非常规性的事务中，我的“同谋”是莫里·赖兴施泰因，才华横溢、幽默风趣的财务男，里德 · 保林最具潜力的门徒之一，后来做了工程部门的控制员。我们一起签署项目，相互祝贺做了一项如此英明的商业决策。但是里德 · 保林最终发现了，世界末日就要来了。“我对你做这件事并不感到奇怪，鲍勃，因为你一贯在财务上不守规矩。但是莫里 · 赖兴施泰因竟然也参与了，这让我很震惊、很失望。我曾经很信任他，我以为他是那种能走很远的、正直的员工。”

几个月过去，该是发年终奖的时候了，我们当时正费力地讨论谁该拿奖金，拿年薪的百分之几作为奖金，结果里德的偏心就露出来了。市场部的高级员工在散场时都在说，“他就是只拿标准的比例而已。他不过就是把钱花在了市场部而已！”不论如何看，财务人员都被优待了，总是能拿到好处，除了可怜的莫里·赖兴施泰因。里德从没忘记他那次背叛性的行为，那次他违背了决不可超出预算的核心原则。里德认为不管是什么原因，他都不该忘记这个原则！

我讨厌为里德·保林工作。就像海军陆战队新训营的经历重现一样，只是这次，我一直在问自己“为什么”。意想不到的是，在我忍受了几个月之后，答案竟慢慢地自己浮现出来了。我的第一次领悟出现在第二代嘉年华的成型阶段，那是福特最小的车型，利润也同样小。产品的计划部和工程部都在他们的提案当中说道：这款全新的车型车身稍大、性能极佳，成本是11亿美元。我知道按照嘉年华微薄的利润来讲，这个投资有些大了。里德心里也明白，他说，“告诉他们，只有4个亿，多了我们没有。”等我下次见到产品开发部的人时，把这个坏消息告诉了他们：“你们的11个亿只批了4个亿，尽力去做吧！”

又过了一周，同样的会议上，产品开发部的家伙们开心地说：“我们不能减到4个亿，这根本没法做，如果给8个亿，我们的产品倒是还能像个样子。”我这时扮演了里德·保林的角色：“等你愿意接受4个亿的时候再来找我吧。会议结束。”我个人认为他们是做不了的，但是病态的好奇心让我想看看后面会发生什么事。

下一次会议，他们报告了一个真实的数字：5.9亿。他们认为我们的底线就是这个数。会议又要重开。眼看着工程师和产品策划师们一张张充满失望或者说是厌恶表情的脸，我必须稳住阵脚不认输。“卢茨怎么跟中邪了似的？他简直跟保林一个样！”

最后，产品开发部的人接受了 4 亿的投资，到最后其实他们只想拿 4.5 个亿而已。“我们 4 个亿能做，但是我们必须把前悬架的任务延期，到现在为止，前悬架是车子最薄弱的地方，很多人都抱怨它不好。重做前悬架就要花费 5000 万，因为我们要改造发动机箱，驾驶室的内部也要重改，许多内部的东西也要改型。鲍勃，我们求求你了！我们要有一个超棒的车，就必须有一个全新的前悬架！”我被说服了，于是去找里德 · 保林。“见鬼，”他说，“你妥协了！他们就是想要个前悬架罢了。多少人在意呢？没多少人在乎那个！我不在乎杂志上怎么说。他们又不是我们的客户。告诉那帮人，就 4 个亿，多了没有。”

第二天，我遵命去把坏消息带给产品开发部的头儿。他惊呆了，无比愤怒。他很快张罗着行动了，我称之为“恶意服从”。（他心想：你要玩，我陪你，倒要看看最后我给你设计出来的垃圾你到底能有多喜欢，多亏了你，这个一毛不拔的铁公鸡。）

后来我明白，“恶意服从”这种状态最多能持续几个星期。那次之后，产品开发部的家伙开始意识到，需求才是创新的动力。“如果不花大价钱搞相关的车身结构，那我们是不是真的就对前悬架的问题无计可施了呢？”类似的疑问不断被提出来。针对第二代嘉年华几乎所有的问题，总有一些聪明的工程师能想到解决方案。这一次，他们设计了一个巧妙的全新的联动装置，虽然没有哪个公司用过，但是大大增加了悬架的冲程，解决了本想靠 5000 万解决的所有问题。最后的价格是 700 万。我去找里德 · 保林说我们只要花 4.07 亿就能得到一个带新悬架的车子，应该给他们这些钱。他同意了，说道，“看到没？长见识了吧！这个帮人要 11 亿，我们只花了 4.07 亿。新悬架他们要 5000 万，我们 700 万就得到了。你就要做个坏人，把他们逼到绝路上！要强硬，不妥协！如果他们要拿出产品，就要自己想办法！”

好吧，他们也不会总是能“想到办法”，领导需要给出自己的判断，但是第二代嘉年华的项目确实获得了巨大的成功，不管是销量还是利润都很高，这成为了我职业立场的一次重要转折点。里德 · 保林教会了我，强硬、不妥协、麻木不仁、甚至是恶心的手段，对成本和投资估算来说，是可以用来节省大笔资金的。这就要求设计者们重新审视那些工具和设备，看看过去的车型里有多少是可以拿来继续用的，有多少车身样式和版本是在追求完美过程中真正需要的。里德 · 保林的方法让我后期在克莱斯勒及最后在通用的职业生涯里受益匪浅，虽然我总是挣扎着努力去减轻这种方法带来的痛苦，试图用带点儿幽默的方式，少用在工程师身上，少用它来做市场判断。

里德 · 保林福特生涯的后期待在北美福特，在此期间，1985 年金牛和黑貂正式上市。我必须提一下，这与里德 · 保林当初的预判是截然相反的。事实上，有一天他在大厅里抓住我，说道，“当福特汽车公司破产的时候，我希望你意识到，说服菲尔（考德维尔）和皮特（唐·皮特森，当时的总裁）开展金牛项目，是你的错。我们刚刚在新英格兰做了市场调查，消费者讨厌金牛。你知道消费者实际上喜欢什么吗？他们喜欢克莱斯勒的 K 系列车，这才是我们应该做的。”

不久他成为总裁，后来当了董事长兼首席执行官。锻炼了多年，他成为了一个不错的领导，让公司推出了伟大的产品，也向股东们交出了出色的答卷。当我 1986 年去克莱斯勒的时候，里德·保林很失望，并感到震惊。他说，对我，他是有更好的计划的，而且现在我已经开始掌握财务纪律的概念了。

里德 · 保林经常会就我在克莱斯勒的工作成果向我表示祝贺，还说他以我为荣，说我是他最不喜欢也是最倔强的一个门徒。我们偶尔能在午餐或晚餐时遇到，我把他看成一个朋友、我的一个支持者。我目睹了他健康状况的恶化过程，为此我感到很悲痛，多年来他总是健身来保持身材，他的去世也让我心痛。我讨厌过他，也爱过他。总而言之，他是一个不错的领导，我欠他很多。

第8章

李·艾柯卡

克莱斯勒公司首席执行官（1979~1992）

他的名字就等同于“我永远是克莱斯勒的一把手”。

李·艾柯卡多年来一直想让我到克莱斯勒公司工作，终于到了1986年，我因为在福特看不到什么希望而备感沮丧，我们两人这才开始认真谈起这个问题。

很快我们就谈妥了，我跟以往离职时一样，很礼貌地离开了福特，因为我认为人一定要不存怨恨，而且要走得优雅。我到了克莱斯勒就迫不及待地开始了工作，我的职位是克莱斯勒的执行副总裁，负责卡车部（那时克莱斯勒的卡车部门几乎不存在）、国际业务部（这个也几乎等于没有），以及多元化产品部门（那个时代才有的部门，就是公司所有的内部供应商和零部件生产工厂）。

我的就职会议在李·艾柯卡的办公室召开，他在会议期间的表现体现出了非常典型的性格。他感情丰富，热情洋溢，说一不二，只要是他提出的都是事实，不允许任何人有丝毫的质疑。

“你现在离开福特就对了，我告诉你！那些烂车（金牛和黑貂）一上市就会臭掉的。通过产品诊断人员的分析，我们把它们跟我们自己即将推出的道奇王朝和克莱斯勒第五大道做了一下比较（跟K系列车一样大，但是车身拉长，格栅变成了“希腊神庙”式，发动机盖变成了直立式，车顶变成了塑料的，比较潮流的风格，美国人比较喜爱），发现我们肯定能把它们打败。满分10分，我们的平均分达到了7.5分，它们只有5分。它们输定了。我希望你不会有什么意见。”

我知道这些平均分是怎么回事。克莱斯勒新的产品在大多数被采访者那里得分都在7.5分左右，也就是说，“还行吧，不错，但很可能不是我的首选”。这种得分，用现在的话来说，就是死亡之吻❶，因为没有人会花钱买他的第二选择，除非有大额回扣。金牛则不一样，它是让人很极端的。就像 1994 年新上市的道奇公羊皮卡一样，人们对它的态度两极分化很严重：有一半人超级讨厌它，甚至给它打出了 1 分或者 2 分；另一半人则爱得不行，不敢相信一个美国公司竟然推出一款如此现代、具有进口车一样外观的车型，他们统统打出了 9 分或者 10 分。最后只有 5 分的平均分，自然就误导了人们。但是在今天高度竞争的市场上，靠 7.5 分来“融入市场”显然是不够的。不管你拿了多少个 1 分和 2 分，产品成功的秘诀就在于赢得那些迫不及待要购买的车迷的心。因此，金牛和黑貂成了美国最卖座的车，不用促销也能一年卖掉超过 40 万辆。克莱斯勒的王朝、第五大道以及后来的帝王，尽管给顾客很大回扣（这属于艾柯卡早期发明的市场推广策略——“买一辆车，获得一张支票！”），也从来没有突破 20 万辆的年销量。

在我的就职会议上，李 · 艾柯卡却把福特的重大错误一说再说。他还象征性地在那里兴奋地摩拳擦掌。我就很奇怪：我是不是该把他的美丽泡泡戳破呢？我应不应该告诉他这个对比分析研究的结果里蕴藏着的坏消息呢？我要不要在我的新老板没有问我的情况下给他上一堂市场研究方面的课呢？要是我现在保持沉默、当做什么事也没发生，会不会算是更理智、更聪明一些呢？我还是忍不住说了，就像大多数老师和学生、父亲和儿子的关系一样，交织着爱和恨，我们之间就是这样，而这也是我们之间坎坷关系的开始。显然不喜欢我的坏消息，不喜欢我自作聪明的态度，因为他

❶ 死亡之吻：英文中的俗语，表示貌似很好，但是最终会导致失败。

几乎没有被下属批评过，自然也不喜欢由我来说他做得不对。类似的情况在我们之间不断发生，有时甚至在会议上，这对我来说是很不明智的行为。很奇怪吧。我就是理解不了，若下属不是一个对领导唯命是从的人（假如是的话，这才是最危险的），当他给出诚恳的意见、帮助领导走向正确的道路时，为什么领导会感觉到威胁？但是，没几个人知道，尽管李·艾柯卡在电视上表现很出色，在公众面前能大胆地发表言论，可其实在霸气的外表之下，他是一个敏感、脆弱且缺乏安全感的人。

可能不说的话，没人看得出来，这种内在本质其实是来源于“卑贱的出身”，而李·艾柯卡的卑贱出身，就是美国宾夕法尼亚州的艾伦镇，一个以钢铁制造为主的地方。李·艾柯卡的父母都是意大利移民。他们工作努力，也有点开公司的头脑，于是他的父亲尼古拉·艾柯卡成功地开起了自己的热狗摊，艾伦镇人人都知道“雅客热狗”。

利多·安东尼·艾柯卡[1]靠着认真工作和学习，把没有从父母那里得到的教养从别处得到了。他 1942 年从艾伦镇高中毕业，1946 年在利哈伊大学毕业，拿到了工业工程学学位。他毕业时获得了学校的最高荣誉，获得了普林斯顿大学的奖学金，并在那里获得了政治学和塑料学的双学位。毕业后他很快就进入福特公司，并以惊人的速度获得提升。福特有那么多听话的、做事小心的大学生，李·艾柯卡是他们当中又快又勇敢又执着、而且总是正确的一个（他做工程师没多长时间，他或许有一个工程学位，但

[1] 李·艾柯卡的全名为 Lido Anthony “Lee” Iacocca，他是意大利移民的后裔，接受洗礼时的名字是利多（Lido），但是一般人称其为李·艾柯卡，平时单以姓或名来称呼，本文为方便读者理解，第三人称处都统一用李·艾柯卡来表示。

是对汽车本身的了解很匮乏，对于汽车制造的流程也相当缺乏了解，基本上是个初学者的水平）。李 · 艾柯卡天生就是一个做市场的人、一个贩子、一个推销员、一个超级销售、一个在任何充满政治争斗的地方都能成功的人。他的天赋是无法衡量的。虽然他从 80 年代和 90 年代早期开始对于汽车的理解就没有再有过什么进步（他坚信美国人总是喜欢塑料顶棚、希腊神庙式的格栅、带有条纹窗帘的剧院式车窗、假辐条式车轮外壳），但是在那些东西确实流行的时候，他基本上是没有出现过任何错判的人。

那么，为什么他还是缺乏安全感、总是担心，并患有轻度的“冒充者综合征”[1]呢？这与福特家族以及艾柯卡在福特的高层同僚们的文化有关。亨利 · 福特二世，是福特创始人的孙子，出身富贵。他在法国接受过教育，法语说得很好，在欧洲社会、工业、政治上各类重要人物面前都表现得很自然。他穿昂贵的定制服装，却总是皱巴巴的，那就好像在说，“那又怎么样？这已经是用钱能买到的最好的东西了。但是如果它们皱了，我也只好……”他总是打丝绸的领带，上面有欧式风格的朴素的小图案。亨利 · 福特二世非常有权势，但是这种权势不是故意地表露出来。人们把他称为“HF2”[2]，他从来都不担心别人会问“你是谁”，默默地假定所有的人都认识他。

亨利 · 福特二世走路和说话都很优雅，不快不慢，对你礼貌起来，你都觉得不舒服，就好像他在顺从着你这个下属似的。他的生活方式也很像

❶ 冒充者综合征，是一种人们无法认可自身成就的心理现象，例如明明取得了成功，有些人会把这种成功归功于自己的运气、时机等，而坚信自己是个骗子，不配拥有这些成就。

❷ 亨利 · 福特二世（Henry Ford II），“HF2”是其英文首字母的缩写。

古老的欧洲富贵家族。简而言之，亨利·福特二世与美国这个所谓的阶级社会融合得很好，总是一副贵族的气质。绅士、有教养、彬彬有礼，随意的举止中都透露出他需要的应该是最好的红酒、食物、衣饰和居住环境（但是当这些都达不到标准时也从不抱怨什么），他与李·艾柯卡根本不是一路人。

李·艾柯卡并非“出身富贵庄园”，没有用过银质的勺子，没有在伦敦萨维尔街定制西服的家族史，祖上没有著名的人物。亨利·福特二世是美国最成功的工业家族的后代，而李·艾柯卡则是一个口音很重的、摆摊卖热狗的意大利移民的儿子。

甚至从衣着上，你就能看得出差别。李·艾柯卡的西服总是更艳丽耀眼一些——引人眼球的格子布，还配有宽大的领子，领带很宽，色彩也很丰富，显得咄咄逼人。我的理智告诉我，亨利·福特二世其实是一个势利小人。后来的事情也证明了这一点，他对莽撞的行为和诋毁他人的人都特别介意，对人的背景、社会阶层以及教养也很有成见。所以我怀疑，1987年福特突然解雇艾柯卡的原因，并不是因为他工作表现不够好。李·艾柯卡在亨利·福特二世的办公室，得知自己突然被解雇之后，问道，“我他妈到底哪里做错了？”亨利·福特二世极为诚实地说，“李，我只是不喜欢你罢了。”

亨利·福特二世是个很敏感的人。他当年一定经历过很多只是因为自己是意大利后裔就被无情奚落的情况，一定无数次忍受过别人开过的关于意大利人的玩笑（要知道，那个时候这种政治上错误的玩笑还没有被禁止），他在被亨利·福特二世隐隐地讨厌了多年之后，终于被无端地解雇了，不是因为他的为人，而只是因为他的出身。

可能是我无端的多心，但是我感觉我可以部分解释李·艾柯卡时不时对我的不满。与亨利·福特二世相似，我也是在欧洲接受过教育，总是穿样式保守的、传统的萨维尔街定制西服。我倒是没有特意去努力学习语言，但是我的德语和法语都很流利，甚至我的意大利语都比李·艾柯卡说得要好。我注意到，我们一起到意大利出差时，当我在他身边开始改说意大利语时，他有一丝愤怒，大概是因为我的意大利语说得更好，让他这个意大利人感到无地自容。毕竟他才是意大利人，而我不是。我以后就学着在有他的场合少说意大利语，因为我能感受到他暗暗的不满。

但是在类似的工作场合中，他散发着自信，让人信服于他，而且在我来到克莱斯勒之前，他几乎没有被质疑过。因此他有时能做出大胆的决定，例如 80 年代早期获得惊人成功的克莱斯勒第一代厢式旅行车。加拿大安大略省的温莎市有一个装配厂，曾为此每天加班满额生产，一年出厂超过 20 万辆。但是，有人告诉李·艾柯卡（那些永远都拿不到该车配额的经销商们的意见，他倒确实能够积极听取），面对这样大的潜在需求，理应建立第二个工厂。第二个工厂最后在美国密苏里州的圣路易斯落成，年产量可达 40 万辆，目的是要生产长轴距的车型，配上可选择的 V6 发动机，最终要提高售价并获得更高的利润。很多谨慎的人都反对这么巨大的投资，他们认为尽管厢式旅行车很流行，但是其销量不会维持在每年 40 万辆的水平。李·艾柯卡没有任何迟疑：他下定决心做这件事，就让那些胆小鬼们看着办，而事实证明他是对的，90 年代该车的全球年销量最高时达到了 100 万辆，为克莱斯勒再一次的辉煌奠定了基础。

类似的举动，还包括 1987 年收购了美国第四大汽车公司——美国汽车公司（AMC）。虽然位居第四，但是该公司当时的市场份额还不到 4%。李・艾柯卡收购的原因有两点：Jeep 品牌和雷诺公司很快就要发布的一款特别为美国市场设计开发的大型轿车。

当时典型的欧洲思维就是，有着红色斑点的运动狂热型产品能够获得成功纯属侥幸，AMC 需要的是成功的载客型汽车。同时，吉普牧马人和最近推出的吉普切诺基都正在大卖。但是法国人没有趁热打铁，而是坚持把大量资源用于设计全新的前轮驱动的载客型车辆，要求其尺寸和形状大致相当于福特大卖的金牛。李・艾柯卡希望得到的就是吉普，我们最终要为其创立一个新的克莱斯勒公司品牌。收购之后，这个品牌变成了超级鹰。（这个品牌面临着三重问题：质量低下、品牌认知度不高、风格不出彩，在市场上大败而归，最终被彻底抛弃。）

李・艾柯卡手下的大多数高级管理人员都反对收购 AMC，包括我在内。克莱斯勒的现金并不充裕，管理上也是问题多多。但是我们的工程部门非常棒，工作效率也很高。我们的工厂产能很充足，经销商也很优秀。为什么现在要冒这个险，为什么要放着通天大道不去走，而要买一个连聪明的法国人都经营不下去的、濒临倒闭的公司呢？

李・艾柯卡却装作听不到我们的反对意见。他喜欢征服新的挑战、新的机遇，他爱好扩张，要以美国人再次收回了 AMC 这个美国品牌的骄傲姿态登上报纸头条。他再一次不顾警告，与投资银行家们一起，协助促成收购，与法国人讨价还价，当双方没有达成一致的时候，他就取消谈判，耐心等待法国人回复，而急于摆脱这个烫手山芋的法国人又回头来找他，最终达成了协议。

收购成功后，李 · 艾柯卡立刻开始实施合并计划：所有 AMC 的职能部门都被迅速整合到克莱斯勒相应的部门，但是有所调整。他没有按常规解雇 AMC 的所有员工，而是让他们来帮助改良克莱斯勒。让许多克莱斯勒老员工震惊又沮丧的是，被解雇的是他们自己，而那些进取心强、聪明能干、勇于创新的 AMC 员工取代了他们。李 · 艾柯卡命令，120 天之后，合并后的公司人员总编制不能超过合并前克莱斯勒的员工编制。吉普工程组可以是例外，因为它挽救了克莱斯勒自己那个规模小、资源匮乏的卡车工程组。120 天后，目标完成，结果克莱斯勒用了几乎相同的固定成本，如今多卖掉了将近 30 万辆汽车，其中有 20 万辆是利润率很高的吉普。这种利润上的进步是影响深远而且见效迅速的。

这次公司合并成为了一个教科书般的典型成功案例，很快就被拿来与另外两个公司作对比，反差巨大。收购了英国路虎的宝马公司，心慈手软又富于同情心，结果大把大把地扔钱还不觉悟；收购了瑞典萨博的通用公司，在合并完成 20 年后，萨博仍以一个独立公司在运营，有一整套与通用对等的部门，但是规模很小，母公司通用每年都要浪费重金来注资。大家都认为“萨博该被处理掉”，但是没人真正去做这件事。

这可不是李 · 艾柯卡的风格。他说做就做了。得到 AMC 之后，克莱斯勒继承了紧凑型的切诺基的遗传基因，车子自然就需要更大的尺寸、更重的吨位，而且生产成本就会更高，难免会落入“又大又重又费钱”的怪圈。李·艾柯卡已经想好了对策。工程师要进一步“优化”，配上 V8 发动机，命名其为大切诺基，就像切诺基的大哥一样，拿到位于美国底特律杰弗逊大街的新工厂去生产。AMC 的老员工们都惊呆了：这怎么跟当初的计划完全不一样？

但李·艾柯卡的计划还是展开了，老切诺基人带着些许兴奋，继续努力推广品牌的价值，每年都卖掉 20 多万辆，而新的大切诺基的品牌象征着权利、奢华和昂贵的气质，让新的杰弗逊工厂忙个不停，工人们三班轮转，一年出厂了 25 万辆车。这是一次了不起的成功：它是世界上第一种马力又大、驾驶又灵活（又能满足越野需求）的运动车型。依靠切诺基和牧马人，克莱斯勒在短期内让吉普品牌的销量从每年 20 万辆增加到了 50 万辆。克莱斯勒一时成了世界上最赚钱的汽车公司。法国雷诺公司曾经有同样的机会做这件事，但是他们没有做到。

不是所有的事情都一帆风顺：就像前面说过的那样，当年被多次拿出来炫耀的鹰品牌从此被淡忘了。超级鹰的名号叫嚣一阵子之后也成了烧钱的东西。一些鱼龙混杂的、用三菱产品贴牌而来的车子后来都以鹰牌在市场上卖过，但是没有多少人喜欢。

不知道从什么时候开始，李·艾柯卡变得畏畏缩缩。在生产大切诺基的杰弗逊工厂开工之前的几个月，李·艾柯卡认为吉普品牌和经销商无法卖光新工厂生产的车子。他说，“我们需要借助道奇的经销商”，所以预订了一种车型，就是将大切诺基稍作打扮变成道奇的样子。他遇到了很大的阻碍，我首先就不同意。我和我的团队都认为即使工厂工人两班轮转进行生产，我们也能都卖掉（当时做梦也没想到最后三班轮转都卖光了），而这种明显就是假道奇的版本会损害吉普的品牌价值。于是李·艾柯卡就施加压力，亲自监督进程，而我们就停止生产，故意拖延。直到北杰弗逊工厂

（工厂现在的名字）生产的车果然被卖光了的时候，他才不情愿地放弃了他那道奇版本的吉普。

这不是李 · 艾柯卡第一次这么做，也不是最后一次。他开始不断地为了盲目保证工厂利用率而牺牲品牌的诚信度、品牌的形象以及名誉，这令人非常担忧。在合并 AMC 后不久，他又要求我们给他报告克莱斯勒所有产品以及道奇产品的设计情况总结，并将它们重新设计成与吉普 7 槽的格栅以及吉普标志风格相近的样子。看到了他的新设计之后，我们全都大跌眼镜。全尺寸的道奇地平线掀背车、道奇达科塔皮卡及其他车型，都让他改造成了吉普的模样，但是这些车又没有让吉普声名海外的传统高端性能。幸好他的计划最终没有实现，勇敢站出来反对他的是乔 · 卡比，AMC 前任主席，时任吉普品牌的主管，一直保护着吉普品牌的内在价值。他刚从不理解吉普的法国人那里逃出来，又落到了一个明显也不理解吉普的美国 CEO 手里。多亏他最终抵制成功，“假吉普”的项目都被取消了。

还一件我们不明白的事情，就是李 · 艾柯卡收购了小规模的意大利运动汽车公司兰博基尼。在他看来，让意大利奢侈品牌加入克莱斯勒，是一种有益的尝试和探索。我们几乎没有给这家公司投什么钱，他们基本处于破产状态，每年才出厂 300 辆车。

虽然克莱斯勒资助开发（并很兴奋地改造）完成了下一代的兰博基尼超级车，命名为“鬼怪”，但李对这个品牌还有更大的计划。有一天，他把我叫到办公室，说道，“瞧，我们花 2500 万美元买到兰博基尼，不只是为了给他们填补年产 300 辆车背后的损失。我买他们的目的，就是为了这个品牌！我要让克莱斯勒的产品都升级换代。当然，也许克莱斯勒的产品现在实际上还不算是兰博基尼，但是他们能带上兰博基尼的影子……皮革，欢腾的公牛标志，车轮……我们可以称之为“兰博基尼版本”的产品。去跟设计部门说，我要他们尽快拿出东西来！”

我尽职地提醒了汤姆·葛尔，克莱斯勒设计部的副总裁，同时也是克莱斯勒主要产品的设计者。他从80年代后期一直到90年代中期都在为克莱斯勒设计产品，道奇、吉普等都是他的作品。他听到我说的话时，整个人都呆若木鸡了。“这不是犯傻吗？”他说。我同意他的看法。但是李·艾柯卡坚持要求设计出一辆车来。汤姆和我决定，如果必须要拿出什么来的话，“兰博基尼版本”的产品必须在克莱斯勒最昂贵的汽车基础上进行设计，这款车就是外表艳丽、前轮驱动、塑料顶棚、配有剧院式窗户的帝王[1]车型。明明从来没有这方面的基础，却要一步登天，我们这就是典型的巧妇难为无米之炊啊！但是本着“恶意服从”的精神，我们俩还是开始动手了。

我们找到一台帝王，拿掉了它的填充式顶棚，镀铬金属装饰板也基本上都被拿掉了，然后把车子降低了2~3英寸，给它喷上兰博基尼的红色漆。车子内部被设计成鞣革式，看上去如奶油一般，皮革像黄油一样柔软（但是没法通过普通的耐久性测试），最后再配上精心修剪过的羊毛地毯。负重轮是兰博基尼库存里的车轮，镀金和上面凸显的宽大的四孔花纹字样，是引人注目的“克莱斯勒帝王之兰博基尼版”。欢腾的小公牛标志在车子的前部、侧面、座位和方向盘上都可以看到。汤姆·葛尔和我虽然都觉得这样的车看上去挺恶心，但也不得不承认，有了这些装饰、大大的车轮以及红

---

[1] 帝王（Imperial）：1955年到1983年间克莱斯勒生产的奢侈车型，推出的初衷是与林肯、凯迪拉克等进行竞争。

色的喷漆，这辆车已经比我们想象中的样子好多了，也没有当初设想的那么令人感到可笑。我们不太想把车子给李看，就怕他来一句“太好了，我们就要生产这样的车！”

我们本不用担心的。李 · 艾柯卡在几周之后来检查了这俩伪兰博基尼，没有活力的推杆 V6 发动机，配上摇摇晃晃的拉伸过的 K 系列车身，再加上前轮驱动，就算在李看来，也认为不太像兰博基尼那样“靠得住”。这个计划还是被废弃了。

李 · 艾柯卡曾多次想要给克莱斯勒带上意大利奢侈品的光环，但是他最神经、也最浪费钱的一次举动是对玛莎拉蒂的突袭。阿根廷人阿里桑德罗 · 德 · 多玛佐[1]，当时正在管理这个品牌，多年来设计并生产了很多别具一格、有意思的车型。李 · 艾柯卡对意大利事务阶段性的痴迷，当他早年在福特工作时就搞得众人皆知了。在福特充足的资金投资下，阿里桑德罗 · 德 · 多玛佐在时任福特总裁的艾柯卡的亲切监督下，把昂贵的“德 · 多玛佐 · 潘泰拉”车型卖给了福特。这款威风凛凛的车是由福特 V8 发动机部分驱动的，但在可靠性上还有一系列主要的问题没有解决。最后该计划还是泡汤了，把福特从阿里桑德罗 · 德 · 多玛佐的烧钱陷阱中拯救出来的是亨利 · 福特二世。亨利 · 福特二世虽然为人温文尔雅，但不讲究外表的阿里桑德罗 · 德 · 多玛佐一直让他感觉不自在，而事实上，这个家伙确实是一个魅力十足的骗子。

---

[1] 阿里桑德罗 · 德 · 多玛佐（Alessandro de Tomaso，1920~2003）：一位赛车手，同时也是一位汽车制造商，曾参加过两届 F1 世界冠军大奖赛，1959 年创立“德 · 多玛佐”汽车公司，1975 年玛莎拉蒂濒临破产，于是他在意大利政府的帮助下将其收购。

时任克莱斯勒CEO的李・艾柯卡，不顾亨利・福特二世的担忧，仍然对阿里桑德罗·德·多玛佐感到很亲切，决定建立二者之间更坚固的联盟。他们两人策划在克莱斯勒K系列车的基础上创立一种两座运动型车。李以为自己从阿里桑德罗・德・多玛佐那里买来了玛莎拉蒂，结果他只是买到了连同“克莱斯勒”一起使用的名称权，真正的“玛莎拉蒂”仍然归阿里桑德罗・德・多玛佐拥有，而且人家还拿到了克莱斯勒的钱。

这种双座汽车是基于五座黎巴让[1]敞篷车生产的，而后者又是基于克莱斯勒K系列车生产的。为了让这种两座汽车与众不同，更富有运动气息，车轮的基座被拿掉了两英尺左右，后座也拿掉了。这张金属皮跟黎巴让不同，但是整体却显得更漂亮，因为它是前轮驱动的，发动机舱就更长，一点儿欧式风格都没有。但是它具有玛莎拉蒂的格栅和方向盘，就是那种前文提到过的高贵的意大利皮革，还有玛莎拉蒂的标志，因为法律原因，需要把玛莎拉蒂威严的三叉戟标志和克莱斯勒镀铬金属样式的五角星标志结合在一起。这样一来，标志就看上去很臃肿，此类混血标志用命名法来讲，就该叫做“玛莎拉蒂制造的克莱斯勒游览敞篷车”(Chrysler’s TC by Maserati)。整个制动系统是克莱斯勒的，车身底盘也是，但是车子的装配要在阿里桑德罗・德・多玛佐设在意大利都灵又破又旧的工厂进行。

把李·艾柯卡对“玛莎拉蒂制造的游览敞篷车”的感情说成是痴迷的话，还算是说轻了。那东西对李来说简直就像他亲儿子一样。这是一件大事的

---

[1] 黎巴让（LeBaron）：1920年成立的一家设计和车身制造公司，同时也是20世纪30年代的奢侈车型，车体由黎巴让公司生产，车身底盘由克莱斯勒生产，与当时的林肯和派克等展开竞争；1977年克莱斯勒以低价车定位重新推出了黎巴让车型。

开端！在第一辆运动车成功之后，会有更多的“由玛莎拉蒂拖着的克莱斯勒”，都要配上五角星－三叉戟的标志。他甚至把克莱斯勒董事会全体成员拉到了德 · 多玛佐公司的都灵总部，陪董事们吃喝玩乐加送礼。（我得到了一双玛莎拉蒂休闲鞋，我第二次穿这双鞋的时候，鞋子的皮革脱线了。克莱斯勒法律部门认为我不必上报这份“不合规定”的礼物，因为它已经不存在了。）

董事会都很开心，他们能在一个小的停车场里驾驶一两台模型车。李 · 艾柯卡当天大放光彩，沉浸在董事会一致的赞美中，在这次了解情况之后，他们认为这辆车可以命名为“利多”，因为这是李 · 艾柯卡正式的第一个名字。（但最终还是命名为“玛莎拉蒂制造的游览敞篷车”，因为李还是喜欢这个名字。）

现实是不会给他留情面的。阿里桑德罗 · 德 · 多玛佐人手不足，无法将这款体面的、可靠性高的车投入生产。李 · 艾柯卡急于生产这款车，就送来钱和工程师进行帮助。一个新的涂装系统投入使用后，阿里桑德罗·德·多玛佐的工厂确实开始像个样子了，但是这都不属于克莱斯勒所有。

最后，在克莱斯勒公共部门的大力宣传下，此车型的第一批车登陆美国。李 · 艾柯卡开走了第一辆，其他的被送到他的娱乐圈朋友那里，比如歌唱家维克 · 达蒙恩。有一辆用于慈善，以 5 万美元拍卖出去。李 · 艾柯卡高兴坏了。但是当更多的车被运到时，问题出现了。汽车的可靠性和整体性达不到标准，汽车杂志的路面测试结果也很差。尽管 2.9 万美元的挂牌价已经让我们赔本出售，但很快这些车还是在经销商们的仓库里堆积了起来。

克莱斯勒品牌的头儿必须为这款游览敞篷车的市场营销负责。李·艾柯卡已经在这个梦幻的、意大利主题的电视节目上花了很多钱，电视里这款车总是高速穿越古怪的村庄，村里到处是体态丰盈、深色头发的女人和高兴地挥舞着手臂的农夫。

这个人就是乔·坎帕纳，体重达600磅、高6英尺4英寸，是我见过的最大个的人。(他偶尔会减肥减到500磅，但是没人看得出他减肥了。)他坐在我的桌子前面，穿着他像帐篷一样的大衬衫，全身都汗透了。他说他不敢告诉李其实游览敞篷车都没卖出去，所以他要使用他的预算来启动促销行动，每辆车降价4000美元。(这样一来，每辆车的净损失就会变成大约1万美元。)

销售的情况有一阵子变得很好，卖掉了几百辆，但接着就大难临头了。李·艾柯卡从他的一个曾原价买过这款车的朋友那里听说，那人的另一个朋友买这车时少花了4000美元！我被李叫到他办公室，他无比气愤。“这是怎么回事？为什么打折促销？这是美国最畅销的车！我的朋友们都很喜欢。是谁做的促销？去给我叫过来。”我没办法，只好告诉他，是可怜的乔·坎帕纳的主意，我还说了乔·坎帕纳是如何做促销的。“他用这些垃圾促销手段毁掉了我的车！让他给我滚蛋！”我对李说，我不能这样做，我的职责范围包括工程部门、设计部门、生产部门和采购部门。我当时其实只是市场和销售部门的“联合主席”，和已故的本·比德威尔一起。“那好吧，我让比德威尔去炒了他，但是我告诉你，这家伙必须滚蛋。”我把这消息告诉了垂头丧气的乔·坎帕纳，你可以想象一下，此时的他已经缩成500磅的小肉团了。他意识到自己因为被派去完成一项不可能完成的任务而被解雇了，但最后，他还是敢于承担的人。后来，他在佛罗里达维罗海滩开了一家克莱斯勒经营店，成为了公司的经销商。

不受欢迎的“玛莎拉蒂制造的游览敞篷车”，很快就永久地在市场上消失了。公司又一次花了冤枉钱。我曾经问过格里 · 格林沃尔德，克莱斯勒汽车公司（克莱斯勒集团的一个子公司，接受李·艾柯卡的管理）的董事长，想让他告诉我这次失败造成的累积损失最终数目是多少。格里 · 格林沃尔德要么是不知道，当然更有可能是他不愿意告诉我，但我的猜测应该差不多是 5 个亿的样子。

这只是李 · 艾柯卡的又一次失误而已，这次是一个英勇的例子。总的来看，在他成就非凡的一生中，这根本算不了什么。我们都很小心，绝不把这次失败称为“玛莎拉蒂相关的事情”，我们再也没有在他面前提到过这款车。他已经承受得够多了，他心爱的宠物计划失败了。

但是我的宠物计划——道奇蝰蛇项目，却看起来做得不错。这项投资只有 8000 万美元。这车的马力达到了 400，是美国历史上马力最强的车。零售价 5 万美元，也是卖给大众阶层的美国产汽车里最贵的一款。配置了铝制的 V10 发动机，六挡手动变速，另外车子的外形也很棒。在发现“李 · 艾柯卡的计划”失败而“鲍勃 · 卢茨的计划”看上去很有希望之后，他确确实实颇感恼怒。李开始全力支持蝰蛇。结果这是一次彻彻底底的成功，重塑了克莱斯勒之前受挫的品牌可信度，这使得所有人都重新看好克莱斯勒，包括华尔街、经销商、大众媒体、汽车杂志以及同等重要的克莱斯勒员工们。

李 · 艾柯卡另一次错误的决策就是 1994 年的道奇和普利茅斯霓虹项目。这是一种本土制造的紧凑型车，不仅廉价，而且更重要的是，能帮助公司满足CAFE[1]的强制政策。我们知道李·艾柯卡不喜欢公司推出小型车，小型车的利润，就像现在一样，是很难说的。另外，如果在美国本土生产，就要雇用美国联合汽车工会的劳工，这一点也是李·艾柯卡尽力避免的。

于是，在开了很多会议之后，李·艾柯卡告诉大家，如果我们要制造另一种小型车的话，就要在墨西哥生产，他绝不会让这款车在美国生产。有一次，我小心地指出，很遗憾的是，我们必须在美国生产，否则，这种生产在CAFE规定中是不算数的（这是北美自由贸易协定出现之前的事情，现在来说在墨西哥生产的汽车就可以被算进去）。"李，"我说，"虽然这事很恶心，但是我们必须遵守法律规定，必须在美国生产。"

"我不，"他提高嗓门反驳我说，"我们不要在美国生产小型车。如果我们要做，就要去墨西哥做。他们又能拿我怎么样？"我平静地把故意不遵守CAFE的惩罚措施告诉了他。"你这是说我只能照办吗？我们走着瞧吧！"他大声喊着，还使劲挥舞他点燃的雪茄。"没有人能要求我在哪里生产，我爱在哪里生产就在哪里生产，大不了让他们把我关进牢里去！"显然，现在不能再讨论霓虹的事情，必须要换个话题！

同时，产品开发小组也在忙于该项目。我们知道，尽管李·艾柯卡很不讲理地抵制这款车，我们为了遵守法律也还是要生产。我们也知道，要想让这款车盈利，就要降低投资降低成本，即使钱确实已经不够用了。霓虹团队的头儿怀着满腔热忱开始迎接挑战，目标是生产出外形美观的美国

[1] CAFE：公司评价燃油经济性，是美国1975年开始实施的法律规定，针对的是美国的汽车和轻型卡车，要求每个公司产品的每加仑汽油所能行驶的公里数符合最低标准，以节省石油用量并减少温室气体排放。一般来说，变速器挡位越多，汽车车身越紧凑、越符合流线型设计，越容易符合CAFE的要求。

紧凑型车，要有很高的燃料经济性，开起来要很有趣，但是要在能赚钱的同时比进口车的价格低，这就要求订单量很高，而投资要很低，很多已经有的东西要重新拿来使用。因此，新发动机的设计工作都要围绕着发动机车间里已有的设备展开。

霓虹的车轮轴距是紧凑车里有史以来最长的。这不是以市场为导向设计的产品，这样做是因为伊利诺伊州贝尔维迪尔的工厂所有的设备就是被设计用来生产长距车轮的，之前是给克莱斯勒的大型车用的。霓虹的内部也很难设计，设计团队只好不断与供应商们争辩，进行讨价还价的拉锯战，还打出了"让我们为美国争光"的感情牌，哭着喊着要以几乎不可能的低价来买人家的材料。最后胜出的供应商 JCI 公司[1]，建议我们把座位尺寸的变化调整到最小，如果我们同意，JCI 就能够重新使用为前一代本田思域设计的座位模板和调整轨道。我们去他们那里看了看，觉得还不错就同意了，我们拿到了车子内部的目标价格。顾客们从来都不知道，在那些车内精美的装潢之下，他们坐在一款老式的本田座位上，当然，那座位还是非常不错的。

我们最后得到了一个大概的霓虹计划，用精算师的话说，就是写出了"草案"，我们急需得到批准，这样才能赶时间。李・艾柯卡不爱听我们的计划。最后，小型车平台团队的领导想到了一个绝佳的方法。他要修改一份他之前给自己的团队和供应商们做的演示报告，里面包括霓虹项目的情况及其目标，但是不同的是，这份报告里号召我们准备好重新恢复美国工

[1] JCI：约翰控制公司，美国一家全球化的公司，属于《福布斯》500 强企业，主要针对建筑和汽车电池、电力和汽车内部系统进行能源及操作效率的优化服务和产品。

业的竞争力，让我们摒弃传统的烧钱的做法，塑造新的外部关系。这份演示报告可以拿给所有人听。我告诉李·艾柯卡，说他真的应该让这个人花20分钟讲一讲他这份精彩的报告，这可是关于美国竞争力的，当然这报告里也提到了霓虹项目的事情。他极不情愿地接受了，但是警告我说“我们最好不要再试图推销那套项目”。

这个团队领导抖擞精神，进行了这场演示。他是土生土长的密歇根人，那里盛产铁矿，矿石被挖出来以后就被运到五大湖的货船上。他演示了曾经繁荣的密歇根如何走下坡路，矿产资源枯竭后，矿井被关闭，学校和教堂里也没有人去、然后被废弃，附近的主街道也变得荒凉，成了无人的鬼城，到处是倒闭的商店、破烂的木材和石料。

“我们在竞争中失败了。我们没能重新站起来。我们变得没有任何竞争力，”他失落地说道，“美国最后一个伟大的工业就是汽车业，难道我们要让它也变成这个样子？放弃美国的汽车业，全靠进口？所有人都下岗？我们小型车团队就会说，‘如果我们有能力，我们就不允许这些事情发生。’我们要赢回来！”他接着花了20分钟演示我们应该怎么做。他最后以煽情的语气收尾，强调说李·艾柯卡现在正站在历史的交叉口上，以及他应该如何依靠自己一个人的力量，抓住机会，改变克莱斯勒和美国工业的命运。

灯再次亮起来的时候，我看到李·艾柯卡擦掉了眼角的一滴泪。这种后工业时代的孤独感和艰难的人世情怀深深地打动了他。他转身对我们说道，“好吧，我们要生产这款车。我们要让小日本看看，我们没有因为他们的一记长拳就倒下，这款车要让所有人都大吃一惊，我们要让他们把眼珠子都瞪出来！我们什么时候能把车子做出来？”

我外露但是真诚的爱国表现，成功地把一个执着而顽固的反对者转化成了霓虹的支持者。这件事说明，就像很多出色的销售一样，李 · 艾柯卡很容易陷入一个精妙的销售陷阱。这也很好地说明，体贴和关怀也是他的人性的一个方面。1993 年秋天，霓虹项目启动了，很快就成功了，每年都能卖出超过 35 万辆。有一段时间，它甚至是盈利的。这已经是小型车能得到的最好结果。

李 · 艾柯卡在兴奋、面临危机以及有任务和责任感的时候，状态总是最好的。我在一次执行委员会议上做了记录，他清晰明确的命令就像从不间断的洪流，把未来几个月内的公司任务都一一做了安排。

就像这样："好吧，我们的公司在赔钱，我们不能再继续搞促销了。我们能放弃已有的市场份额吗？如果我们能放弃，要放弃多少？我们不能放弃太多，因为我们的财务会出问题。财务部门要搞清楚我们利润最大化的点在哪里。我告诉你们，我们要抓紧了。我听到有些人说，'等 LH[1] 车系（1992 年推出的大型轿车，当时属于未来车系）推出时，我们的情况会变好的'。这就好像等待高中生毕业舞会一样。让我们看看，能不能用这些老车型做点文章。我们要加点东西进去，提高产品的价值。我们能不能把安全气囊安装进去？免费的防抱死刹车系统呢？我们能不能把车打造成安全方面的领先者，然后大肆宣传呢？卢茨，去看看我们多快才能按标准把这些整合到车子里去。同时，格里格林沃尔德，要给我把工资冻结住。不许

[1] LH：原是 AMC 开发的平台，后由雷诺用于生产超级鹰，可以生产出很高质量的车身底盘，底盘也成了 LH 平台的重要优势，克莱斯勒后来用它与福特的金牛平台和尼桑的极大值平台相抗衡。

招聘新人，任何人都不许。任何人员流失都不许补充。至于供应商，要加速推进成本削减项目。我们要把价格降低5%，他们为了保住生意，肯定会同意的。对于大型车王朝、第五大道、帝王，我们需要一个完整的市场推广项目。是的，它们卖得挺好，但是他们是有价值的，他们都是按标准配置的产品。另外，很多人都爱潮流。按照现在的路子，我们卖不到5万辆车。我不许这种事情发生，我要看到你们的方案。”

他接着说。

“长期来说，我们必须跟他人合作。生意越来越难做了，到底是跟沃尔沃、雷诺还是菲亚特合作，需要有一个战略，才能出口更多的车到欧洲。我们不能再混日子了，需要认真找出答案。我们必须决定我们要跟谁合作，要放弃什么。所以，如果股价不断下降的话，我们该怎么做？股票会不会跌到10美元以下？会不会跌到6美元以下？这都是可能发生的！如果我们遇到这种灾难，我们就要把我们的股票买回来。或者我们把股票的问题交给政府，股价回升才能给我们带来更多的好处。到时候提醒我，我要跟董事会报告这些事情。

“但是，大家要知道，这事非常紧急，我们要全力以赴。我们要把每一辆厢式旅行车、每一辆吉普、每一辆大型车都卖掉，然后按时推出LH。我不喜欢上半年的财务计划，按照那个计划我们不赚钱，我要赚5个亿！为什么？因为这是我们应该做的事情，而我们可以做得到。我们希望大家都能明白这一点，因为我已经在我的列表里写下了每一个人的名字，每个任务后面跟着一个人的名字，谁要做什么事情都应该清楚。有问题吗？好了，都给我动起来！”

你不得不羡慕他的专注力，他能轻松地列出公司面临的各种问题及其应对措施。他的精力、乐观和热情都具有感染性，他能依靠他的个性和辩论技巧把黑的说成白的，把假的说成真的，还让人相信他。听他说完了，再过一段时间，等你在自己的办公室安静地想一会儿，你才会对自己说，“等等，我刚刚听到的好像跟事实对不起来”。

我不会成为李 · 艾柯卡的继任者。董事会的很多人都认为我应该做他的继任者，但是李 · 艾柯卡极力反对。我太有野心，性格不稳定，不可预测，不够圆滑，太情绪化，太容易在不合适的时间说不合适的话。简言之，我跟李·艾柯卡太相像了！他把培养继任者的工作称为“ABL”[1]。候选人一个接一个出现了，直到最后李发现了鲍勃·伊顿，欧洲通用的头儿，当时的欧洲通用正是挣钱最猛的时候。鲍勃 · 伊顿很有经验，为人圆滑，很有礼貌，善于辞令，也对这个行业很了解。他很快就被捧起来了。在宣布命令之前，李 · 艾柯卡学着亨利 · 福特二世的样子，对我说了“我只是不喜欢你”这样的话。我感到很沮丧，但是心情比较平静。我缺乏服从的意识，总是给上司一种自作聪明的态度，最终还是出事了。在接下来的 8 年里，我作为鲍勃 · 伊顿董事长的手下，开开心心地做着总裁兼 CEO 的工作。[2]

李 · 艾柯卡不愿意离开，他想永远做 CEO。董事会最后决定是时候换

---

❶ ABL，Anybody but Lutz 的首字母缩写，就是除了卢茨任何人都可以的意思。

❷ 鲍勃 · 伊顿在克莱斯勒的职位，本书虽然没有交代全面，但理应是董事长兼 CEO，作者本身应该没有 CEO 的头衔，但是后文会提到，鲍勃 · 伊顿本身在很多情况下是将工作放权给作者来做的，所以此次作者说自己“做着总裁兼 CEO 的工作”。

人了。李·艾柯卡灵活善变，缺乏恒心，做事总是充满争议，又有一点儿缺乏安全感，喜欢装腔作势，还总是爱对别人发火，但不管怎样，也是成功领导人的化身。他在大众面前可以口无遮拦、毫无畏惧地发表言论（经常引起股价变动，也让公关部门的人心惊胆战，因为他们总是要出来给他擦屁股，说一些解释的话，“李·艾柯卡先生的意思其实是说……”）。他爱强调国家面临的主要问题：我们缺乏对工业和制造业的关心；我们无忧无虑地生活，忽略了日元贬值对美国工业造成的损害，而日本人的车却变得更廉价，充满了竞争力。他不断地抛出固执的观点，或是他那所谓的调控策略，所以人们总能在报纸专栏和电视节目上看到他。他经常在电视上露脸，家喻户晓。人们喜欢他，也崇拜他，把他看成一个战胜诸多对手而拯救了克莱斯勒的伟人。

李·艾柯卡做了一个领导者应该做的一切：选择一个大胆的战略，用语言的力量来鼓舞下属、经销商、供应商以及股东们的士气。他也犯错误，但是敢于承认错误，不断前进。他不介意自己是不是一个处事公平的人，也不在乎别人会不会觉得他刚愎自用。那又能怎么样呢？反正把任务都完成了就行！

他被称为“美国工业历史上最伟大的CEO”。我认为他配得上这样的称号！

罗伯特·J.“鲍勃”·伊顿

克莱斯勒公司首席执行官（1993~1998）

所见未必即所得。

鲍勃·伊顿自称是堪萨斯农场长大的孩子（虽然他是1940年在科罗拉多出生的），像其他孩子一样熟知农业作物，他通过不断安装、操作、调整和维修各种农场机械设备而获取了自己最初的机械及工程技能。

他1963年从堪萨斯大学机械工程专业本科毕业，一毕业就进入通用公司，以娴熟的技能在其庞大的工程部门内部得到逐级提升。1973年，他被提名为通用所谓的X型车身系列的总工程师。这系列车的发动机是横置的，四轮驱动，仿佛是通用对手们的未来产品，必须要在短时间内造出来，需要大量投资。因为马上就要颁布的燃料经济性法规将会封杀在美国受欢迎的大尺寸、后轮驱动的V8车型，这些汽车需要被更小型的、轻量级、在规格和机械布局上更欧洲化的汽车所取代。这个任务很艰巨，X型车身系列的汽车要支撑雪佛兰、庞蒂亚克、奥兹莫比尔和别克等品牌。工程师的任务相当繁重，不只是因为车子是全新的，更重要的是这些车要有全新的发动机、传动系统、刹车以及其他各种系统，几乎包含了一辆现代汽车所应具备的一切组成部分。

这个项目准时启动，一番紧锣密鼓的工作之后，效果总体来说是不错的。但是因为工程上遇到的困难太多，时间又紧，通用统一的资源部门和供应商们无法按时完成任务，这就使得X型车身系列的汽车被冠上了可靠性差的名号。刹车的问题尤为突出，因为平衡性差，容易导致永久性的损伤。联邦政府很快就发起了一个调查，结果证实，偶然出现的材料和装配问题并不是最大的困扰，这款车刹车系统的基础设计存在问题，容易损害公众安全。

这种结果对公司的打击是很致命的：关于产品的可靠性，可能会引起数不清的法律诉讼，而且我们还要召回已经卖出去的车子，重新设计整个刹车系统，给成千上万的车换上新的。

如何告诉媒体、政府和民众，让他们相信 X 型车身系列的刹车系统基本上不存在问题，就成了鲍勃 · 伊顿的任务。结果，他完成得很好，一举成名。不管是对国会的证据、影像式的记录还是在电视上的展示，鲍勃 · 伊顿都处理得不错。他甚至亲自出马，公开进行最复杂、最有争议、同时最危险的测试，让大家看到他对自己设计的产品充满了信心。他对细节知识的精通，他自然散发出的个人魅力，加上他依照事实、不说废话的风格，让他赢得了公司内外的信任和尊重，让他最终获得了成功——社会各界都开始（有些人是带着犹豫的）认为这款车的刹车系统虽然不是完全没有问题，但基本上是好的，设计上没什么问题，对公众也不会造成伤害。通用的高层把这些都归功于年轻的鲍勃 · 伊顿，归功于他与各方沟通的能力和勇气（这两点是领导者需要具有的品质），从那以后他在通用的事业就有了保障。

1982 年，他被提名为通用高级工程部的副总裁，在密歇根的沃伦成功地把通用的研发部做大。1988 年，鲍勃 · 伊顿进入了高级管理层，在欧洲被安排了个头衔，掌管欧洲通用，直到 1992 年离开通用去做克莱斯勒的领导之前，都在欧洲通用工作。

那时的欧洲通用做得很好，而且获得了前所未有的成功。或许有人会说那是因为当时的欧洲经济整体很好，所以公司搭了个顺风车罢了，而且当时的生产线很优秀，在汽车业占据了重要的研发时间，这主要归功于鲍勃 · 伊顿到来之前的那位领导者——杰克 · 史密斯。

那时的李·艾柯卡在克莱斯勒已经过了该退休的年龄，董事会不断催促他找到一位继任者。是我为克莱斯勒设计了大获成功的产品，同时我也是当时的总裁，按道理我应该是继任者。但是因为前文提到的许多原因，我成了李·艾柯卡“ABL”项目的受害者。很多人都被考虑过、被面试过。有些是工业明星，比如传奇人物罗杰·潘世奇。他是一个企业家，经营汽车买卖的巨商，曾经是赛车手，当时拥有一个巨大的工业帝国，但是他对克莱斯勒的职位不感兴趣。威廉姆·霍格伦也被考虑过。他当时是通用的执行副总裁，也是李·艾柯卡前任的二把手。格里·格林沃尔德几年前离开了公司，去联合航空公司做了 CEO。公司内部的杰里·约克也被考察过，他后来成为了 IBM 的财务主管。克莱斯勒的副总裁史蒂夫·米勒也成为过候选人，后来他去了一家陷入困境的公司，拯救了这个公司后，声名鹊起，这个公司我会在后面的第 11 章提到。我也被克莱斯勒董事会面试过，但只是走过场罢了。不管哪一个候选人，都因为这样或那样的原因被拒绝了。情况变得很困难：董事会想要李·艾柯卡走，但是李·艾柯卡又找不到继任者。

后来，李·艾柯卡就走运了。弗莱德·胡巴克是一个善良的职员，我猜可能是因为儿时的小儿麻痹症，他有点残疾。弗莱德和他的夫人都是鲍勃·伊顿一家多年的好朋友，两位夫人是同一所学校的教师。弗莱德·胡巴克有天突然想到，应该能把自己的好朋友推荐到克莱斯勒做高管，在征得了鲍勃·伊顿的同意之后，就给李·艾柯卡说了这件事，李·艾柯卡一看到伊顿就觉得这是一个很不错的候选人。通用的高管！很招人喜欢！他掌管的公司最近盈利 20 个亿！有领导能力的工程师！更重要的是，他不是自己在公司内部的对手！

董事会很快就开始不断面试他，开各种会议，而鲍勃 · 伊顿显得很成熟，既冷静又自信，举止很得体，这都是他多年被通用的官场打磨的结果。于是，他就成了一个满足所有要求的完美候选人。当然，我鲍勃 · 卢茨不喜欢他。

鲍勃 · 伊顿上任了，有人建议我最好继续在公司任二把手。那时的我很失望，但是回头想想，这种安排确实能让所有人都满意。

为了表明自己的立场，我就在他上任后不久找机会跟他相处。我觉得他挺招我喜欢的：个子中等，只是稍微有点胖（按照当时美国的标准算瘦的）；衣着得体，即使他的西装经常看上去有点儿皱；典型的工程师的样子。鲍勃 · 伊顿受到了大家的推崇：帅气，头发也好看，看上去很聪明，经常自信地微笑着。那时我从来没发现这一点，几年后，有一次被三菱公司请到一个很晚才关门的夜总会，我们穿得很传统，而日本服务员都穿得很引人注目，那时我开始明白为什么我觉得“之前在哪儿遇到过他”。服务员们总盯着鲍勃 · 伊顿看，兴奋而惊讶，“哦哦啊啊”地叫着。我问她们怎么了，一个明星迷女孩告诉我，“他看上去很像格伦 · 福特”（20 世纪 40、50 年代著名的好莱坞演员）。

从鲍勃 · 伊顿的到来，直至李 · 艾柯卡的离任，这段时间二人都在公司上班，这是强制性的，公司要求鲍勃 · 伊顿必须在此期间向这位大师学习。但在几个月的指导和熟悉之后，李 · 艾柯卡的时代——应该称之为李 · 艾柯卡的统治——终于要在 CEO 欢送聚会的高潮中结束了，那个聚会在规模、场面和到场人物的水平上，到现在都是世界级的。在拉斯维加斯，李·艾柯卡的职业生涯得到了大家的崇拜，经销商、供应商、媒体人、朋友们都来祝福他。一个巨大的螺旋形上升的舞台被建立起来，比篮球场还大。上了年纪的弗兰克·辛纳屈[1]，忘记了歌曲“My Way”的歌词，唱歌的时候差点走到台下来。

在李·艾柯卡安稳退休之后，鲍勃·伊顿和我组成了一个关系紧密的团队。我曾经警告过他，虽然李·艾柯卡很喜欢他，但是李·艾柯卡其实还是希望自己坐这个位子，到死才会作罢。伊顿已经见识过不择手段的艾柯卡作风，所以肯定相信我的话。如果我们两个不合，或者关系不和谐，李·艾柯卡就会找到董事会说，“看吧，我们看错人了。伊顿太软弱了，卢茨把他玩得团团转。我们要么让卢茨走，但是他很有经验，走了太可惜了；要么我们就再找一个更强势的CEO。同时，我觉得董事会必须让我回去，直到我们找到合适的人为止。”

于是，我们两人都认为我们要一起工作，在言语和行为上互相支持，我们都害怕给李·艾柯卡制造一个紧急回归公司的借口。

总而言之，我们各司其职。作为首席运营官，我拥有了一支超水平的完美团队，包括设计部副总裁汤姆·盖尔、工程部执行副总裁弗朗索瓦·卡斯丹、生产部的执行副总裁丹尼斯·波利（之前在通用，后来去了马自达）、采购和供应部的执行副总裁汤姆·斯托坎普，还有销售和市场部的头儿吉姆·霍顿。这是一支配合紧密、做事流畅的团队，在午饭以及其他会面的

---

[1] 弗兰克·辛纳屈：20世纪最重要的流行音乐人物之一，是一位集歌手、演员、电台、电视节目主持人和唱片公司老板等多重身份的娱乐界名人，3次获得奥斯卡奖。

时间，我们会进行很多非正式的讨论。我们行动很迅速，因为领导小组之间总是不断交流，我们有共同的目标，对什么方法有效、什么方法无效有着相似的观点，而且都觉得公司内部的各种阻碍很让人不爽，那些条条框框不利于业务的进行。但是，我们凡事都能很快在前进方向上达成一致，而在通用公司这种事情往往要花上 5 倍的时间来完成。

伊顿观察了这个团队的行动力之后意识到，要建立这样的团队、把团队打磨成现在的水平，是要耗费很多年的。我们设计的新产品毫无疑问都是最好的，也是美国汽车业最吸引人、最有竞争力的轿车和卡车，伊顿看到这些产品一个个在那里等着生产，就不得不相信自己的判断了。

伊顿非常聪明，他告诉自己要做甩手掌柜，不能试图横加干预，用自己的职权干涉团队的工作，因为他知道这些事情即使自己参与了，也很难让一切变得更好。于是，我的“五人帮”照旧工作，几乎没有来自伊顿这个 CEO 的干扰，但是我仍然会仔细地按时向他报告工作，告诉他团队决定的事情的每一个细节，并向他解释为什么这样做。

总的来说，这种关系是很好的。我们的产品推出之后，非常成功，成为了市场的宠儿，但我们会确保将这些功劳大部分归于伊顿。利润和现金流都达到了前所未有的水平，李 · 艾柯卡害怕的所有事情都出现了，我们把他曾经定下的规矩也都抛之脑后。我们达成了一致，可以让现金积累起来，保证收支平衡，对一个陷入低迷、每个季度的现金流失太大的汽车公司来说，收支平衡是个大问题。（2008 年，通用的状况变得很差，流失了差不多 150 亿的现金。这种状况持续了 4 个季度。福特则有超过 300 亿的现金，虽然用钱跟通用一样快，但是现金回流速度要快得多。）

每次强调现金回流的重要性，总会引发争议：李·艾柯卡从来不让现金累积起来，如果这种事情发生，他就会想再买一家汽车公司、航空公司、财务公司、租车公司，甚至是买一个航线！对于那些以危机为导向的人来说，在收支平衡方面，放任现金的累积几乎就算是玩忽职守了。真正有水平的团队，关键在持有，要找到一种方式来真正地用钱。胆子更大的人至少会用钱把自己的股票买回来，让每份股份的收益更高。我个人的经验就是，当公司收购自己的股份时，经济上的灾难就来了，每个人都希望他们仍然持有现金。伊顿和我的想法是一样的：要把现金堆到一边，以防不测。

等我们的现金累积起来，我记得大概有 79 亿美元（那时可是大数目），柯克·科克莱恩发现了我们，把我们当做了一个全无抵抗力的目标。他是一位拉斯维加斯的金融家，被称为收购之王，米高梅赌场的亿万富翁（而且是克莱斯勒的股份持有人之一）。使用现金，再加上外部银行的一点儿贷款，他可以轻松接管整个公司。他利用克莱斯勒的前任首席财务官杰里·约克作为自己的先头侦察兵，发起了进攻。

伊顿从来没在法律、财务、财政或任何非业务部门工作的经历，他遇到这种情况时直接傻掉了。但是，他急需的迎战部队很快就配备到位了，包括银行家、财务顾问、反收购法律专家等，伊顿公开或私下对此事的反应和回答都是经过仔细推敲和琢磨的。那段时间伊顿很难过：他感觉自己被柯克·科克莱恩背叛了（他的这种感觉是正常的），他之前还以为柯克·科克莱恩是支持自己的股东。伊顿想让这件事赶快过去，想要尽快解决，但是这太有利于科克莱恩。我们的咨询师队伍做了很棒的工作，基本上阻断了银行借钱给柯克用来收购的途径。各家银行基本上都是觉得“伊顿与卢茨”的组合更值得信任，至少比柯克 · 科克莱恩提出的“影子内阁”要好。大家肯定也觉得，科克莱恩特别希望让李 · 艾柯卡做 CEO。

最后大家都让了一步，由我们购回价值几十亿美元的股份，柯克 · 科克莱恩和杰里 · 约克则抽身而退。（结果，2006 年他们故技重施，企图接管同样遭到厄运的通用公司。）

伊顿在媒体眼中相当优秀：成熟而扎实，稳如泰山，面对来自拉斯维加斯亿万富翁及其帮手们的威胁，不仅成功保住自己的工作，而且挽救了克莱斯勒公司的命运。他以前在通用的同事们都被惊呆了。伊顿从通用跳槽到克莱斯勒时，他的一个同事还说“他跳槽了以后对两家公司都是好事”，但是现在包括这个同事在内的很多人都对我说，尽管他们之前就知道伊顿很能干，但是绝没想到他原来如此坚强而勇敢，而且是一个能挫败柯克 · 科克莱恩的谈判大师。我没有拆穿过任人们眼中的这个神话。

没有人知道，在此次史诗般的反收购事件背后，站着一个善良而软弱的男人。伊顿对此毫无经验，不懂任何对此适用的法律，公司收购的相关法律和金融词汇他都不熟悉。这件事并非他能力所及，虽然他是领导者，但是他自始至终都在被领导着。他用沉默对我在业务上的领导能力表示了认可，由此可见，他的直觉已经告诉他，这一次不是保持骄傲的时候，必须让位给贤者来解决问题。若是一个比伊顿顽固的领导，肯定会热衷于用自己的想法解决问题，说不定就会选择一种不同的方式来处理问题，肯定无法像伊顿这样把这件事处理得如此成功。

跟我们当中的很多人一样，当伊顿试图在一个不太懂的领域表现出很专业的样子时，他总是做得很差。举个例子：有一天我们去参观一个装配厂，他大声宣布，“仓库里有太多的配件在等待装配，下次我来的时候，我要求仓库里堆起来的配件不能超过 12 英寸高”。

两天以后，丹尼斯·波利，生产部从不说废话的头儿，跑来找我。“鲍勃，你们到底要我怎样？那个工厂很旧了，装货码头都没几个。伊顿那天看到的已经是我们能维持的最低库存量了，一共就没几量卡车给我们从码头装货卸货，那个库存是刚好够用的，再降低库存，生产就保证不了。工厂里的人很快就起草了一个拨款申请，要求增加码头，但是那要 8 个月建成，花掉 4500 万美元。我觉得除非是我们疯了才会这样做，但是每个人都很害怕：伊顿说要减少库存，不然怎么办？”

“我来处理吧。”我对丹尼斯说。我去办公室找鲍勃·伊顿，坐下来后，我对他说，“鲍勃，你还记得上次你去工厂参观时提到的过量库存吧？你听了下面的话以后可别觉得奇怪，但是确实，那帮人真是有点太教条了，只不过是为了压低一点儿库存，他们竟拟了个 4500 万美元的申请，要求增加几个装卸码头。太疯狂了。这件事说明，你和我在给下面人提出建议时，可一定要小心谨慎。”

“太可恶了，”伊顿说，“我只是想让他们多关注一下库存罢了。如果不花钱就做不到的话，我们也不会要求做出什么改变啊。这帮家伙，有些时候还真是傻得可以。”很多类似的事情都是这样不了了之的。比较愤世嫉俗的人，可以把我做的这种事情叫做对伊顿的“操控”。

从这件事情我们可以认识到，领导力的关键之一就是简单。如果只是问一句“为什么零件的库存这么多”，然后听取回答，而不是直接就下命令说“库存太多了，必须给我减下去”，那么肯定会对生产效率的提高更有好处。前面一种问法，能够让领导者获得相关的知识，而且建立彼此之间的信任。后面一种说法则肯定会增加工作量，让大家感到困惑，并产生恐惧心理。

后来，伊顿不那么关心每天库存的问题了，转而开始操心领导力和文化变革。一个星期一的早上我们在开每周例会，我开了个玩笑，说开例会就是“挑一个鲍勃，见一堆汤姆”[1]（我们至少有 7 个员工的名字叫汤姆）。轮到伊顿讲话时，他说克莱斯勒的主要问题之一就是缺乏创新，缺乏军队式的领导，我们需要开展一个专业领导力培训项目。我很积极地表示了同意，并提到了几个美国海军陆战队退役军官组织，他们当中有些人做了顾问，专门指导私营企业建立道德、勇气、承诺和自豪感。缺乏资金和武器的美国海军陆战队，几个世纪以来都是世界上最有战斗力的组织，靠的就是这些。

伊顿立刻拒绝了我的提议，说：“我绝不允许公司养成古板的、自上而下的、像军营一样命令和控制的领导风格。也许我这样说是因为我没当过兵，更别提海军陆战队了。”

我回应他说：“鲍勃，你刚刚说这些话，确实就是因为你没当过兵，尤其是没有在海军陆战队服过役。”事实上，海军陆战队的领导风格就是让每个人、包括最低级别的人都去“展示自己的领导能力”。军官们经常向低级别的官兵咨询意见，每一个 20 岁的中尉都知道，要把军衔放在一边，否则

---

[1] 本书的作者和伊顿的名都叫做鲍勃，而他们一个是总裁，一个是 CEO，开例会时至少会有一人到场，而另外很多员工的名都是汤姆，所以有了“挑一个鲍勃，见一堆汤姆”这种开玩笑的说法。

自己根本比不上一个没有官职但是有20年战场经验的重炮手。那些非正式的、隐性的级别才是海军陆战队的文化；军官们要“像绅士一样”进行监督和管理，想要晋升就必须知道从哪里才能获取正确的规则和战略。这种文化成功的原因在于信任。正是信任，让那些充满力量的官兵们得到了正确的训练，不管是思想上、精神上、身体上还是专业上的训练，是每个人都能得到的。这就形成了一种常识性的、普遍接受的价值观，以及一整套的道德规范。你始终要信任一个海军陆战队员，因为你知道他一定值得你信任。

如果一个平民的商业组织能复制这种模式，绝对会有高昂的士气，而且战无不胜。但是伊顿眼里的“军营领导风格”，估计就是从粗制滥造的低成本科幻电影里看来的。那些电影里的将军，总是看着电视机屏幕上的外星人，说“军士，我要你用2辆卡车、带着20个人、6个榴弹炮，然后（正好带着！）50轮弹药，去绕到那个外星人后面，等我下令的时候，把它炸掉。中尉，你带2架直升机，配上‘地狱之火’导弹，朝着它的眼睛放。现在……是17点20分；你们要在2分钟后就位！还有问题吗？”我打赌他已经在50个电影里看到过这种场景。相信我，这绝对不是海军陆战队，也不是任何其他部队的作战方式。

但是伊顿并不清楚这些，就像20世纪90年代所有的大公司那样，公司很快就成了咨询公司的靶子，每个级别的领导者都天天喊着“文化变革”的口号。大量的时间和精力被耗费在数不清的细节陈述上，整天在琢磨什么是“任务、价值观、目标”等等。每个独立的文件都要开各种会议来讨论、修改、打磨到极致，就像真的有人会费神阅读一个足有20行的“任务陈述”、或者一堆“价值观”或“目标”的列表一样。实话说，这是一种无休止的工作，就像大象要分娩一样，要把大量的文件最终生产出来，但里面的内容不过就是我们大多数人都知道的“常识”罢了。

我们还有数不清的外出研讨会，比如去密歇根州的休伦港，还有角色扮演等各种无谓的练习，例如伊顿和我穿上服务员的制服，带上厨师的帽子，给几百个下属和高级员工们端茶倒水。目的是为了向大家展示，我们不是高高在上的领导，我们其实真的是善良、谦虚、容易接近的人，永远热心于满足员工的需要。顺便说一句，几乎没有人提到“顾客”是谁。

这种没有尽头的事情基本上是在教人明白：领导越少越好，领导力越弱，员工越有权力，也就越开心（这一点没有错，但他们是否有足够的技能、培训、动力和专业性呢？）；“团队”能解决所有的问题（没有一个强大的团队领导，根本不可能！）。会议室里开始出现各种裱好了的海报，印着一些精妙的话，比如“每个人的意见都是平等重要的”（真的吗？那些一直在讲话的傻子们怎么办？），又比如“每一个想法都是好想法”，这是另一种傻乎乎的说教，我看了以后真想把海报卷起来然后塞到提出者的喉咙里面去。“领导力”和“方向”开始变成丑陋的字眼，在没有恐惧的民主新环境下，大家开始认为这些词就意味着“不合理的管理行为”。幸福而无压力、没有领导者的团队，可以对各种方案进行无休止的检查，耐心地把每个人不成熟的观点列出来，但是这样根本不会有什么真正的决策，因为没有人真正地负责。

一次，在一处昂贵的度假胜地开外出会议时，这些情绪化的、婆婆妈妈的团队拥抱之类的活动达到了顶峰，伊顿充满着感情、流着眼泪、哽咽着对大家讲话，而按照大家的话说，大家的反应是很“复杂”的。那些喜欢温暖、情绪化、充满“感情”的人认为这场面很好，但是我觉得这玩意儿恶心死了。

但事实上，这种不断的努力创造了一种幸福的、让大家满意的、以员工为中心的文化，但这文化是降低工作效率的，我们当中没有人意识到，其实当时这种努力就已经被注定不会有好结局。在我去参观一年两次的法兰克福车展时，这种“新文化”的死期就来到了。在一个冗长的 VIP 会员宴会上，德国当时的总理、爱浮夸的赫尔穆特·科尔在餐后的演讲中点明了这一点。于尔根·施伦普在梅赛德斯汽车和卡车的生产商戴姆勒 - 奔驰公司做 CEO，在宴会上他找到我，先是热情洋溢地夸奖了我广受好评的克莱斯勒生产线，并祝贺我取得了高昂的利润，之后他坦率地建议两家公司合并，建立一个全球性的大公司，让各大洲都能拥有各种类型的汽车产品，从最小型的、最便宜的克莱斯勒到最大的梅赛德斯豪华轿车和第 8 级的柴油机卡车。我告诉他，我只是克莱斯勒的二把手，他必须跟伊顿讨论这件事。他轻蔑地笑了一下，说道，“但是每个人都知道你才是发号施令的人。”也许他说的没错，但是，我解释道，公司合并这种“大人们”决定的事情，必须跟 CEO 讨论。

我一回来就跟鲍勃·伊顿汇报了这件事。他很兴奋，因为来自亚洲公司的竞争太激烈，再加上美国联邦政府的燃料经济性和安全法规，都让每个欧美生产商都越来越担心未来的前景。“规模”和“尺寸”都是吸引人的筹码。

于尔根·施伦普很快去了克莱斯勒的全球总部奥本山，在那里他和伊顿起草了方案，在接下来的几个月里，预告“两家同等重量级的公司合并”，由于尔根·施伦普和伊顿共同做CEO。律师和投资银行很快介入，合同一再被精练，双方就股份单价也达成了一致。两边的董事会都希望能成功，1998年，这场生意终于在掌声中完成。

我不是新公司的一员。作为66岁的老人，我已经得到了董事会一年的延长任期，而按照董事会的强制规定，65岁以上的人必须离任，这是为了防止出现另一个像李·艾柯卡一样顽固而单板的家伙，这种规定一出，就不会有这样的人整天跟董事会嚷着要续约了。

但是我怀疑这里面还有别的猫腻：伊顿和于尔根·施伦普都明白，我有在德国公司的丰富领导经验，我在德语方面的听说读写能力也是一流的。也许他们害怕我成为合并后的公司的“老大”。事实上，随着更多的隐情被披露出来，我相信，我本可以让公司避免出现混乱的误判、误导以及不良的管理行为，但这些很快成了强大但笨重的戴姆勒克莱斯勒公司的特点。

就连公司的名字都是很笨的。我记得都有汽车界的专家曾讥笑这个新名字。有人半开玩笑地猜测，这两家德国公司要合并两个名字，从“戴姆勒”里拿出“戴姆”，从“克莱斯勒”里拿出“勒”……这样就叫做“戴姆勒”。这种说法倒也不是完全脱离现实。

合并之后，于尔根·施伦普搬进了我在奥本山总部大楼顶层的老办公室。他个子很高，身材很魁梧，有领导气质，声音很洪亮，爱抽烟喝酒，有一个随声附和的可爱秘书。说得委婉一点，他在小巧、衣服有些皱、有点儿矮胖、外表总是很低调的伊顿旁边一站，就像一个傲慢的巨人一样。

他来的第一天嘴里就叼着一个巨大的古巴雪茄。伊顿小声地指出，克莱斯勒不允许抽烟。施伦普大笑不止，“你的意思是你们有一个不许吸烟的规定，好吧，除了我吸烟的地方之外，都是不许吸烟的，行了吧，我在我办公室和员工会议室里抽烟就好了！”伊顿没再说什么。这是一个很不好的先例。很快，在员工餐厅里，于尔根·施伦普点了一瓶上等的加利福尼亚冰镇白葡萄酒(德国员工都习惯午餐时喝酒)。“呃，于尔根，我们，嗯，这个，总部大楼里是不卖酒的。”伊顿结结巴巴地说。“你们谁敢不卖给我酒！服务员！叫个人去给我出去买6瓶上好的冰镇白葡萄酒来！我们要喝两杯的，是不是啊，鲍勃？”另一次半公开的羞辱。很明显，这不是一个共同经营的公司，伊顿很快就离开了，据报道说他带走了约2.5亿。

克莱斯勒的财富很快就减少了，损失不断增加。鲍勃·伊顿的继任者们——汤姆·斯托坎普和吉姆·霍顿，都获得了成功(他们都是不错的员工，但是多疑的于尔根·施伦普实行了专制的领导，作为他手下的子公司的CEO，他们俩都招架不住)，终究都被淘汰了。顶替他们的是一支由全部来自梅赛德斯的德国人组成的团队，他们不了解克莱斯勒的美国顾客，推出了新的产品，但是没有符合市场的需求。他们没有重视后轮驱动的大型车，如克莱斯勒300和道奇突击者，而这些车在德国人接管公司之前是很有市场的。

合并最后失败了，股价下降，克莱斯勒被卖给了瑟伯罗斯公司，一个私人股权组织，那价格几乎是白送的。他们对公司的管理能力比德国人还要差。

伊顿被遗弃了，他成了让克莱斯勒半死不活的罪魁祸首，成了一个容易上当的傻瓜，被老于世故的于尔根 · 施伦普耍得团团转。于尔根 · 施伦普出卖了克莱斯勒，却中饱私囊，自己大捞一笔。李 · 艾柯卡自然也会出来说两句，声称选择伊顿作为自己的继任者是自己职业生涯中犯过的最大的错误，“我本该选择卢茨的”。我本以为这种最后的赞美能让我高兴一些。可是，我没有高兴起来。

评价伊顿的话有很多，但是有一点没有被提到，那就是他已经做了私人企业要求 CEO 所做的一切：他把公司经营得很好，让别人喜欢来跟公司合作，合并成了更大的公司，在此过程中还为克莱斯勒的股东们赢得了巨额财富。大家这么快就忘记了要对他说谢谢，也忘了为他“在公司合并中展现出的惊人才华”而喝彩。

鲍勃 · 伊顿得到了不公正的对待，他的名誉本不该被如此诋毁。他被大家贴上了可怜的失败者标签。如果你仔细看过他取得的重要成就，就会明白，他是一个赢家。

第10章

亚瑟·M. 霍金斯

埃克赛德技术公司首席执行官（1985~1998）

“大罪人”。

有些话要一开始就说清楚：与本书前面写的经历不同，我从来没有为阿特[1]·霍金斯工作过，但我是他的继任者，我管理的这个公司后来成了世界上最大的铅酸电池生产商，所以我应该说说他的事情。

在克莱斯勒与戴姆勒－奔驰进行了所谓的合并之后，我就在克莱斯勒迅速退休了，之后我认识了阿特。我花了几个月来消遣，我认为这是比较不错的退休计划：有些空闲时间，拿了些有趣的董事会成员资格，推广了我的第一本书《勇气：让克莱斯勒成为世界上最抢手的汽车公司的七条经营之道》，参加了一些有报酬的巡回演讲。我并不满足。虽然已经66岁了，但我感到自己可能是晚熟的人，刚刚开始掌握有效领导的原则和实践方式，也是刚刚明白经营一个上千亿资产的汽车公司，当中的复杂性和挑战是什么。有些不谦虚地说，我觉得现在让我退休，就是浪费人才。

令我高兴的是，我接到了迪克·博特的电话，他那时是瑞士信贷第一波士顿银行[2]的副董事长。“你想不想做一家《财富》500强汽车供应商的CEO？”迪克问我。我今天还记得，我当时立刻回答：“当然！我愿意！是哪家公司？”

迪克说了说这家公司，名字叫埃克塞德。因为各种欺诈的指控，高管团队都离职了，但是坦白讲，没有什么困难是克服不了的。我与埃克塞德的董事会见了面，谈得很好，我们很快就合同期限和薪酬达成了一致。名誉扫地的阿特·霍金斯自动离职了，但是董事会和我都不清楚他留下了一

❶ 阿特（Art）：是亚瑟（Arthur）的简称，口语中常用。

❷ 瑞士信贷第一波士顿银行（Credit Suisse First Boston）：一个全球领先的银行投顾公司，提供各式金融产品以及综合性的财经顾问、资本筹募、行销与贸易等服务，总部位于瑞士苏黎世。

个怎样的烂摊子。

多年来阿特 · 霍金斯掌管着公司，就好像没有公布的法规或章程一样，管他联邦法律还是当地法规，埃克赛德的一切都由他而不是法规说了算。销售员工为了把电池卖出去，随意行贿，几百万的美金都敢随便花。大家开玩笑说，埃克赛德的电池是行业里最轻的，因为不管电池的功率应该是多少，阿特 · 霍金斯都要求把一部分铅板给拿掉。这样电池就变轻了，但更重要的是，成本也降低了。对买家来说，这就意味着电池的质量根本配不上其标签上写的各项指标。阿特 · 霍金斯不喜欢报废那些被退回来的电池，事实上很多没有缺陷的电池被退回厂里，只是因为它们的型号不对罢了。但是根据法律，使用过的电池是不能再次作为新品出售的……当然，除非你是阿特 · 霍金斯。在他的压力下，退回的电池被清洗、重新贴上标签之后，又被当做新品卖出去，这样就可以降低产品保修的成本，增加利润。埃克赛德很快就受到了佛罗里达州的指控，还被扯进了其他几个官司。为西尔斯公司提供“DieHard”牌电池的那个大订单[1]，是通过贿赂一个西尔斯高级电池采购员获得的。那个员工后来入狱了。为了未来在欧洲扩张，避免欧洲反垄断法的制约，阿特 · 霍金斯找到一个欧洲大陆领先的电池生产商，提出方案与其进行了秘密勾结，实施了价格垄断。在那家公司看来，即使在对行业内合作的容忍性比美国更高的欧洲，这种勾结都太过分了。

年过 50 的霍金斯先生还是希望自己宝刀不老（但是他的状态明显在

---

❶ 西尔斯（Sears）：西尔斯 · 罗巴克公司的简称，曾经是美国也是世界最大的私人零售企业。DieHard 是西尔斯公司的高价汽车电池品牌，其品牌含义为持久耐用、永不枯竭。

不断下滑)，他给自己服用了睾丸素药片。大多数医生都认为睾丸素无法通过口服有效吸收，但是这阻止不了他。那些曾在他手下做过事的人说，他的服用量特别大，一次就吞很多药片。他时而郁郁寡欢，时而充满雄性活力，还曾在有女士在场的时候大肆炫耀自己超强的性能力，这让她们感到很反感。

很多法律问题，如无歧视雇佣[1]和反优先雇佣法案[2]相关的事情，他照旧不屑一顾，当做有害的东西来对待。财务报表也无法令他满意，于是不停地修饰和更改；毕竟，他和他的高级领导团队拥有公司的股份，对很多事情都有发言权。尽管财务表现很差，他也仍旧不想节制一下自己帝王一般的生活方式，这个不盈利的公司拥有一架庞巴迪挑战者飞机，专门给阿特·霍金斯和他的家人使用，价值1700万美元。他在密歇根北部的麦基诺岛上有一个漂亮的“小别墅”，是他的消暑度假之所，他就用这家飞机不断从欧洲运来古董，送到“小别墅”去。埃克赛德的董事会看到了如此糟糕的公司业绩，以及堆积如山的法律诉讼，就解雇了他和他的首席运营官道格拉斯·皮尔森以及他的首席财务官阿兰·高蒂尔。没有任何人，甚至包括阿特·霍金斯在内，能够主动承认自己严重的渎职行为！

我被任命为阿特·霍金斯的继任者后不久，就在一次小型生日聚会上

---

❶ 无歧视雇佣(equal opportunity employment)：即一种所有人在求职时会被公平对待的契约，目的是保证工作被“最具有资质的”人获得，而不是因为出生环境、成长环境、亲友关系等跟种族、宗教、性别、健康、年龄等各种因素而落入他人手中。

❷ 反优先雇佣法案(affirmative action)：是指与在雇佣、教育和商业行为中考虑种族、肤色、宗教、性别、国籍等因素相关的法律和规定。

遇到了他。过生日的是他一个在麦基诺岛上的朋友。他很友善，也很自信，情感丰富，祝贺我入职之后把我拉到一边，对我说，我要接手的是一家腐败透顶的公司。他拿出笔和餐巾纸，说道，“我会给你一个名单，所有真正的坏人都在上面。如果你要拯救这个公司，就要把这个名单上的人都尽快处理掉。”这个名单越写越长，很快就要写另一张餐巾纸了。“阿特，”我最后问道，“如果这些人这么腐败，你当时怎么没有解雇他们？”“开什么玩笑？”阿特回答道，“我已经很生气了，我才不打算再跟这些家伙费神！”他的个性是存在不少问题的，但他总是很高兴、大方地承认自己的犯罪行为，这是最奇怪的一点。

同时，我入职埃克赛德做 CEO 的过程跟阿特 · 霍金斯的行为一样古怪。在开了很多会议以及全体员工的视频会议、解释了全新的零容忍的道德政策之后，我必须鼓励这帮拿高薪的老员工离开公司，他们都是有案底的，很多人也在阿特 · 霍金斯的名单上。我当时暂时没有自己的主席和首席财务官。我们必须给雇了我的董事会做出解释，告诉他们，这些员工是有案底的，因为他们没有针对阿特 · 霍金斯的行为作出调查。我们还要换一家会计事务所，原因是一样的，他们虽然不是同谋，但是没有做好自己的本职工作。

庞巴迪挑战者飞机被卖掉了。这家公司要一架昂贵的喷气机也没什么用。我们进行了强制性的专业道德培训，鼓励雇佣有资质的少数群体[1]。新的董事会里包括了约翰 · 詹姆斯，他是一个受人尊敬的非裔美国商人，他

[1] 少数群体（minorities）：此处指的是女性、非白色人种、残疾人等受到公司歧视的群体。

负责保证公司在种族和性别上的多样性。

我亲自拜访了主要客户和之前的老客户。有些之前的客户告诉我，不管公司换不换人，他们都绝对不会再跟埃克赛德合作。沃尔玛公司的反应也是一样的。他们几乎是粗鲁地要求我离开，声明不会跟任何正在被控告的公司合作。我手里拿着帽子，亲自去拜访了佛罗里达首席检察官鲍勃·巴特沃斯。这个有名的检察官严厉斥责了我，把我当成了一名犯人。我那前海军陆战队军官式的幽默感也被他训斥了一番，我很礼貌地说起了自己的从军经历，想要引起他的注意。"我不管你当没当过海军陆战队员，"他说，"你们公司的人都是骗子。我在这个办公室已经见过几百个像你这样的人了，你们当中的大多数都是有罪的。"这不是一次愉快的会面，但这确实是我们目前每天在各个领域遇到的典型情况。

埃克赛德公司的收支平衡表太可怕了。阿特·霍金斯，在他的收购狂潮中，欠下了巨额债务，总债务比股东持有资产的 9 倍还要多。尽管息税前利润还可以，但是巨大债务的利息一项就抵消了。投资银行命令我们要发行更多股权，用现金降低债务，以此把利息成本减半，为公司所有者们留下一些息税前利润。所有人都觉得这样做很聪明，甚至大股东都承认，现在每股利润几乎是零，而且90%的债务股本比[1]已经让公司处于一个过度负债的危险状态。

所有工作都按照计划进行着，直到我们把计划告诉给美国证券交易委

[1] 债务股本比（debt-to-equity ratio）：是衡量公司财务杠杆的指标，即显示公司建立资产的资金来源中股本与债务的比例，可用来显示在与股东权益相比时，一家公司的借贷是否过高，该比率越低，说明企业长期财务状况越好，债权人的权益有保障。

员会才知道问题所在。美国证券交易委员会直接告诉我们，一个在几个州都被控告、近期有着违法管理行为的公司，是肯定不会被批准发行新股权的。这样，埃克赛德就陷入了困境。我们特别需要现金来让收支平衡，这样才能开展业务。但是我们没有现金，不能进入股票市场，自然也不会有人傻到继续借债。真是无路可走了。

几个月以后，一个千载难逢的机会出现了。GNB，埃克赛德在美国的一个竞争对手，曾经为澳大利亚成功的太平洋邓禄普集团所有。在太平洋邓禄普的产品目录里，GNB 的表现不佳，急于将其出售。我看到了收购 GNB 的价值，那就是虽然它的汽车电池（这是埃克赛德的优势）表现不好，但却能立即成长起来，在一个看上去饱和了的电信电池市场里大幅盈利。埃克赛德没有涉及过这个领域，而当时可是网络爆炸的时代了！埃克赛德 - GNB 联合起来以后就成了一个引人注目的名称；GNB 的汽车业务可以减少了，这样能减少他们的损失，埃克赛德保证了设备利用率之后，未来可以供应给 GNB。按照这种计划，全新的、规模更大的埃克赛德会有更好的财务规划，在利润和现金流上都会有更好的表现，接下来就能承担更大的债务，因此这个计划收到了广泛的支持。找到了钱，司法部门也希望经销商销售顺利，这个计划就顺利实施了。我对自己很满意，通过一次大胆的行动，我拯救了这个公司。但是还没等我高兴完，网络泡沫就破掉了，现实真是残酷。接着市场就不再需要电信中心，也就不再需要一排排昂贵的电池了。

几个月的时间里，在我们看来，那些本来应该是“半年后要送出去的东西”，马上就要变成“一堆过量的电信电池、被取消的订单、被削减的价格、过量的生产力以及大量的损失”。我们本以为未来很美好，但没想到市场垮掉了。作为最后的分析内容，我在第 11 章里写了我们唯一的出路。如果没有收购 GNB，这一切的灾难就会真的落到我们头上。我们的祈祷没管用。这时有报道称，丢了工作的阿特 · 霍金斯穿着僧侣的长袍，满脸胡须，头发披到肩上，好像还穿着凉鞋，把一本圣经要么掖在口袋里，要么夹在胳膊下，在密歇根的乡下到处游荡，好像一个没有目的地的朝圣者，意识到自己即将要面对各种法律纠纷，在全能的神面前，对自己过往挥霍的生活和无视法律、狂傲自大的行为感到羞愧。他也许多少会希望，上帝在看到他的谦逊之后，能伸出援手，让他的人生步入正轨。

事实上，上帝没有被他欺骗。在南伊利诺伊州地方法院，阿特 · 霍金斯穿着昂贵的西装、白色的衬衫，系着领带，接受了审判，被判诈骗和非法营利，要在联邦监狱待上 10 年。特别有意思的是，埃克赛德斯欺诈案的审判之后，规模更大、更出名的安然公司也破产了。

阿特 · 霍金斯是一位野心极大却能力有限的领导者，而在接下来的时间里，他只是不断被送进监狱的公司领导群体里的第一个人罢了。

G. 理查德 ·“里克”· 瓦格纳

通用汽车公司首席执行官（2000~2009）

绝顶聪明且具有绝佳人品的领导者，也未必总能成功。

里克·瓦格纳的故事很难写，主要是因为我特别喜欢他。与我职业生涯中认识的其他人（有一些我也写在书里了）不同，里克·瓦格纳基本上没有什么“怪癖”。作为一个领导者，他总是很有礼貌、很善良，也乐于听到反对意见，有反对者也不生气，就算感到愤怒甚至都让人看不出来。他的西装很低调，这就是他的风格。他远离政治陷阱，甚至连过多的补偿金都不要；而且他很正确地坚信自己不是一个帝国的独裁者，而是股东们的仆人，只是被雇来的帮手罢了。

这种真诚的谦逊、对公司的投入和忘我的奉献，与他的外表格格不入——瓦格纳肩膀很宽，身高达 6.5 英尺，看上去一点都不胖。他一生爱运动，参加过杜克大学的新生篮球队，1975 年获得了经济学学位。他后来去了哈佛商学院，1977 年获得了 MBA。

瓦格纳后来进入通用，做了一名分析师，上班地点在纽约财务部。我们多数人都知道，分析师的业务在汽车界早就消失了，但长久以来一直是为通用培养 CEO 的地方。事实上，在我的印象中，通用神一般的 CEO 中，不是从财务部走出来、却能从这帮精算师手中夺来荣誉的人只有一个，那就是鲍勃·斯坦普尔，他是工程师出身。他的任期结束得很糟糕，也不算长，等他下台了，选拔的标准又成了“出纳室出身的才可以，其他人可以不必申请”。

瓦格纳的升职很迅速，80 年代中期，他掌管着通用重要的巴西业务部。1992 年，他成为了通用历史上最年轻的首席财务官，1994 年任北美业务部的总裁。1998 年，他承担了首席营运官的工作，在通用 CEO 杰克·史密斯的手下干活。

在他与杰克·史密斯一起共事的时间里，瓦格纳完成了很多他一生中最漂亮的工作，虽然没有多少人知道。那时的通用在华尔街被称为“超级资本驱逐舰”，事实也确实如此。又大又笨，做什么事情都有加倍的效果，在多年的时间里，通用形成了一种自我维持、自我增强、自我培育的官僚体系，成本越来越高，效率越来越低。

瓦格纳和杰克·史密斯意识到，这种情况无法持续很久。他们下定决心，尽最大努力要给通用瘦身。这不是汽车行业里耀眼的部分，耀眼的工作是设计新的汽车风格、看着它们投入生产、参加产品介绍会、在热情的经销商或感兴趣的媒体面前发表讲话。这份工作可不是这样，这种重组性的工作很不容易，没有人喜欢做：要削减部门、团队、业务、头衔，而这都要触及多年来的朋友和同事们的利益。大量的时间要用来反对各项提案，或者要应付大家“为什么不是裁掉其他人”的问题。没有人感谢，没有人欢呼，没有媒体的关注。有的只是无休止的苦差事，就像用手术刀去砍除灌木丛下的东西一样，要在维持业务能力的同时把多余无用的东西去除。这种感觉，就如一个爱开玩笑的家伙说的那样，“仿佛在给一架飞着的波音 747 重新排线一样”。

虽然过程很长也很辛苦，但这份努力换来了成功。多个工程小组变成了一个，14 家不同的采购组织被整合起来，通用首次有了自己的采购法规。在组织上，通用就像一个原本 500 磅重、但刚刚经过痛苦的努力减掉了 150 磅的人一样。

瓦格纳辩论、劝说、坚持的能力，是通用这次“回归本质”工程成功的关键所在。在两个顶层领导的极大关注下，实施这种工程也许是早晚要做的事情，最后，属于“汽车业务”的部分工作，被下放到了基层，而不再得到高层的关注。实际上，通用当时推出的汽车都很普通，基本上算是有竞争力但没有清晰的目标，或者说缺乏一个“让人们买车的理由”。对我来说，通用就是一个很明显的例子：一个本质上没有被监管到的组织，乱七八糟的内部股东们又没有一致明确的发展方向，生产出来的汽车确实能满足自己的所有重要目标，但是没有让顾客产生共鸣。

产品没有真正的目标定位，但是里克·瓦格纳没有看清其后果。在 20 世纪 90 年代的一次采访中，当被问到为什么通用高层有那么多财务出身的领导、而明显没有“生产部的人”时，瓦格纳地解释说，这种“生产部的人”的作用是被夸大了的，如果你有了不错的设计师、工程师、生产团队，那么他们自然能保证产品是成功的。我记得我读到这段采访的时候，我自己就把他的话等同于“……乐队是不需要指挥的，专业的体育队伍可以不需要教练”。这样根本行不通。

很多产品上的问题都在后期出现，瓦格纳本身不是一个“汽车界的人”，但是他很聪明，意识到通用缺失了关键的东西。让所有人意外的是，他把我聘为了产品开发部的副总裁。[1]

人们常说瓦格纳的两大重要品质是做事“循序渐进”且“小心谨慎”，但是我的到来让大家开始对他的这两点品质产生了怀疑。那些品质确实是重要的，但是瓦格纳也能偶尔做出大胆的战略性决策，即使其中包含着风险。我爱批评人，乱说话，固执已见，口无遮拦，媒体爱追着采访，又多

---

[1] 此处作者的职位是 vice chairman，这个职位不是特别常见，文中没有详细解释，但是应该不同于一般意义上的执行副总裁，通常情况下大公司会有不同等级的副总裁，但执行副总裁(executive vice president)要向副总裁 vice chairman 报告，然后由 vice chairman 直接向 CEO 报告，等于在执行副总裁和 CEO 之间多了一个管理层。

次抢了不怎么露面的老板们的风头，把我这样的人带到董事会来，无疑是让通用的人们议论纷纷，很多在通用过了一辈子的人预测在我的任期内公司会出现混乱和灾难。

里克·瓦格纳支持我振兴产品开发部，在此过程中他显示出了自己最让人喜爱的性格特点：对坚定地支持自己选择的人，作为上司，要用人不疑，给予下属足够的肯定和支持。可惜的是，这种难得的优点有时也会成为缺点：瓦格纳在很多情况下，对那些为自己服务多年的人、与自己一同成长过的人、或者他早年在出纳室熟识的人，都不够客观。看到瓦格纳努力保护和支持那些官员，是很让人心痛的事情。在我的眼里，那些人早已被大公司文化所同化，“看上去不错，听上去也不错，会议前的准备做得挺好，也从来都听老板的话”。2009 年瓦格纳离职，这些在通用混迹多年、聪明而狡猾、但又毫无用处的瓦格纳团队成员，才开始过上苦日子。这些人离开后，公司才松了一口气。

瓦格纳绝对是一个照章办事的员工。他特别聪明，基本上属于左脑分析型的人，但是跟里德·保林不同，他没有发挥自己右脑的作用。瓦格纳喜欢化繁为简，把复杂的事情梳理成简单易懂、可以重复的流程。在缺乏纪律但手续繁琐的通用公司里，这一点无疑能让他做事简洁有效。重视流程的好处是能够保证工作的可重复性及可预测性，但是过度重视流程的坏处就是抑制了创新、探索，让人想不出解决问题的新方法。但是在大型的组织里，很多人习惯于按照“指定流程”办事，即使他们知道这样做的结果最好也只能算是中等水平。瓦格纳已经养成了凡事按规定去做的思维模式，总是注意流程，一离开这些就手足无措。

有一次，我急于向他展示自由创新的好处，就让设计部做了一个演示，里面包含所有任何对未来汽车的想法。而这些想法，就是我们最有天赋的设计师们以没有先例的新颖方法可以得到的一切创意。这种方式很伟大，总是来源于大家自发的创造，没有使用“焦点小组”，因为焦点小组想象不出这些汽车，就像手机用户的焦点小组想不到 iphone 一样。

我们演示给他看时，他被惊呆了。他只有一个问题：“我们怎么知道按照这样的路子走下去不会出错？”我向他保证，我们如果看到机会，都将全力以赴，但是那一个个的“如果”都必须得到重视，这都是来源于有才华的设计师们的丰富想象，它们不是确定了的“产品方案”，但却是“新想法”和“新创意”的催化剂。瓦格纳还有一个问题：“我们怎么知道我们探索的方向是正确的？”然后，他列出了自己的想法：如果我们建立一支高水平的人员队伍，包括一流的思想家、艺术家、建筑师、时尚设计师，还有年轻、时髦、冷酷、赶潮流的人，会不会更好？用一种科学方式，让他们来对这些新的设计创意一一进行评价，把得到的结果罗列出来，我们就能很快知道这个前进方向是不是正确了。

“里克，”我说，“我们现在是为了给你展示催生创意的方法，这种流程是不需要筛选的新流程。但是你太重视量化的数据了，你就是要测量、筛选、分析，然后非要靠左脑的控制性思维来评价单纯源于右脑的想法。”瓦格纳笑着说，“我想你是对的……我总是想看数据。”

他确实看到数据了。在里克的领导下，很多量化的“指标”都被建立起来并不断测量，那种理论就是如果我们在业务上实现了目标，通用就将成为一个成功的公司。所以，公司呆板地追求“一个小时组装一辆车”（这让生产部的人不得不把很多活儿都出高价交给供应商来做）；还有“及时上市”，这种指标催生了很多不成熟的“解决方案”，例如庞蒂亚克阿兹特克[1]，这种方案很快就被计划出来，但是要解决什么问题，根本没有人想过。一帮听话的人组成的团队，总是为了“实现目标”而忽略常识并做出误判（这都是很难解释的），目的就是为了能更安稳、得到批准、获得提升。我们还有一些指标，例如“冲压模具的平均成本”、“材料重新使用率”（表示新车使用旧车中已知而可靠的零部件的比例）、“新供应基地的比例”。

大量的此类事情，初衷是好的，也是起作用的，但是过度强调就有问题。比如在人员评估以及补偿问题时太强调指标，就只能让整个组织单纯为了实现（甚至是应付）指标而做事，不求获得业务上的进步，不惜成本，也不会及时改进自身。我特别在意的一点就是公司缺乏对产品水平的重视。为了确定这些指标，你可以设计一辆车，使其具有 90% 的材料重新使用率，使用低成本的模具来开发，模具的零部件来自“新供应基地”，然后在 18 小时内组装完毕。但这能在风格和细节上赢得消费者的成功产品吗？或者，其实这只是一辆“符合指标的车”，能够满足内部标准，但得不到市场的认可？在充满各种条条框框的通用公司，这种车属于后者。

在我看来，对量化和指标的追求，在一个叫做年度 PMP（管理流程工作表现）的东西上表现得最离谱。这里每个员工，包括所有的汽车战略董事会的成员，都要填写包含大量来年目标的表格，这些目标已经尽可能地

[1] 庞蒂亚克阿兹特克（Pontiac Aztek）：是一款中型的混合型车，因与同类型车相比售价过高，通用开始还预计每年能卖 7.5 万辆，但是 2001 年只卖掉了不到 3 万辆。

被量化过。在“矩阵化”的通用组织中（这种组织的各项职能在各部门之间出现交叉重叠——这是所有全球化公司破灭的原因），所有的目标（多数都超过了任何一个员工的职能范围及影响能力）都要经过矩阵测试。国际产品开发部的一系列目标是否能与巴西部的头儿给出的目标相匹配呢？采购和供应部的目标是否能与生产部的目标在每一个地理区域内都一致呢？

这种“方框平衡”（box-balancing，通用内部用语，指目标矩阵测试）的任务，耗费了大量的时间，公司内部员工要集中精力做这件事。尽管失去了时间和精力，里克却看到了其价值：他认为这能让“人们站在一起”去实现目标。我表示反对。外界环境变化太快了，所有这些大量由自己员工完成的 PMP 表格都是没有用的。管他什么利润目标、销售量、车间利用率、供应商节约量……市场一垮，这些狗屁都不是，至少过去的 15 年里都是如此。大家都不是傻子，机会每个人都看到，到了二月，这些目标什么的就都不见了，费心费神写出来的 PMP 文件都被安安稳稳地放在了抽屉下面，我们没有人会再努力去搞清楚，在这样一个动态的不断变化的环境中，自己应该去做些什么。但是对里克·瓦格纳来说，这些 PMP 可是宝贝，因为它代表了通用王国的稳定度、可预测度和纪律性。但是，这个王国正在瓦解。

每个月的 ASB（汽车战略董事会）会议上，还有另一项有趣的“改进”。这种开一整天的会议（一个乱说话的同事称之为“土拨鼠日”，当时比尔·默里主演了这个同名的乏味电影[1]，红极一时）。只要有35项议程。尽管有电子

[1] 比尔·默里主演的男主角平时不喜欢自己的工作生活，在美国传统的 2 月 2 日、即土拨鼠日这一天，他发生了神奇的事情，每天早上醒来，都是相同的一天，都是土拨鼠日，所有情节都像录像带一样反复播放。

版，但是要打出来，也是厚厚的一沓，装订都不容易。为了加速进行，每人都要提前阅读议程，进行讨论，如果不满意还要提出问题，而且还经常要投票决定是否通过。这就让场面很混乱，可能关于一个议题就有不少问题（多数都是领导的手下写的，要字斟句酌，既体现出提问者巨大的好奇心，又能表现出提问者对商业的良好敏感度），员工们还要准备好答案以便应对，然后就是更多问题和进一步的回答。这种你问我答的循环要在 ASB 会议上重复多次，还要询问每个提问者（通常是同一群人）是否已经满意。到最后他们肯定都要说满意了。这种会议开一天，但是这时他们肯定已经没有了什么自发性和主动性了，这些经验丰富的聪明员工之间也不再有什么冲动性的意见可以拿来交换了。

如果把“流程”放到一边不说，瓦格纳既擅长辩论，又能全神贯注地做事情，确实具有很多优秀的 CEO 应该具备的素质。他很诚恳，做事镇定又公平，而且特别聪明。他总是能把最重要的事情挑出来先做，当他觉得某件事很重要时，即使团队里的其他人都不支持，他也有勇气做下去。他重视中国市场这件事就是个很好的例子。他一直努力在不引发毁灭性的罢工的前提下，降低美国联合汽车工会的遗留成本[1]造成的影响。尽管当时没有人支持，他还是收购了濒临破产的韩国大宇公司，但是现在这个公司已经成为通用全球小型车战略的重要基石。瓦格纳很善于劝导他人，思维敏

---

[1] 美国联合汽车工会的遗留成本（UAW legacy costs）：是指美国联合汽车工会要求给予通用、福特、戴姆勒克莱斯勒三个公司员工在退休之后得到的福利。这三大汽车公司的遗留成本较高，主要是因为其经营时间很长，退休人员非常多，而且福利很好，与日本丰田、尼桑、本田或德国宝马、梅赛德斯公司相比，美国汽车公司的员工无法像日本、德国员工一样享受国家医疗保险带来的保障，因此只能将这些成本转嫁到公司。

锐，也是一个出色的沟通专家（尽管他说话太注重讲事实，缺乏李·艾柯卡那种平民化的、充满情感的沟通方式。）

瓦格纳相信自己拿到的直接报告，很少在管理上出错，当然有时也会犯错。他不能很快地发现高管的缺点和低效问题，特别是那些看上去挺好、听上去挺好、实际上做不了什么事情、工作犹豫不决、但是“跟他一起成长起来”的人。简而言之，他能忍受不够优秀的人。里克·瓦格纳整个人是一种很有意思的组合，他新潮、年轻、大权在握、决心改革通用公司陈旧、固化的老方法（也经常成功），但是他自己本身就是在这种同样稳定、可预测、单调乏味、允许平庸、充满着大量无意义的员工活动的文化中成长起来的，所以本质上就是通用类型的人。

公司的大多数人都崇拜他，他是一个受人喜爱的CEO。他的主要问题是轻易原谅下属，因此人们在他的领导下永远都觉得很安全。瓦格纳从来没有威胁、独裁式、惩罚性的举动，总是真心关怀他的下属。这种人品很难得，但是对公司来说，当世界在不停改变时，这种品质要不得。里克不愿意下强硬的命令，比如对那些规模正在缩小的经销商或者正在萎缩的品牌，他都舍不得砍掉。他经常说起自己对那些品牌的钟爱，但是从不把自己的意志强加给反对自己的人，包括我在内。如果知道庞蒂亚克、土星、悍马、萨博都是“市场不再要的产品”，一个强硬的、不那么关心他人的CEO就会说，“行了，别再说了，不要给我再讲什么保留它们的理由，我听够了，我也不再信你了。我给你10天时间，然后我要看到一个完整的方案，你要给我逐步减少这些品牌的生产量。还有，别再给我看什么数据，跟我说这样做是犯傻。我就是不想再要这些牌子了。快去吧。还有问题吗？”坦白说，要是李·艾柯卡，他就会这么做。

为了评价他这种超级好人，特别是在 2009 年他“辞职”之后，我想起了小说《细细的红线》中的一个主人公。那是二战前期间一支海军陆战队入侵日本占据的岛屿的故事。其中一个队长是连级指挥员，也是个军官，很聪明，训练有素，有纪律性，受队员的尊敬和喜爱，也得到了大家的忠诚之心。一次大规模袭击中，这支队伍要从海滩爬上陡峭的山峰，但被日本机枪的强大火力压制。队长在大石块的后面蹲下来，发现如果不牺牲大量战士就无法夺取山头。

这时，在沙滩上，营指挥官正在通过无线电吼叫，问他为什么停止进攻。这个诚实、善良的好心队长不能让自己的人去送死。这是一种非常伟大的人性与爱心，但是很可惜，这样无法在战斗中完成任务。营指挥官很生气，解除了他的职务，亲自上阵指挥，很快就平息了敌人的火力，在损失了几个战士之后，进攻得以继续。被解除了职务的军官困惑地看着这一切：结局并不是自己想象的那样可怕，他只是自己做不了这件事罢了。在很多情况下，里克·瓦格纳就像那个军官。

给读者留个问题：你愿意给哪一种领导者工作——充满同情心的队长，还是野心勃勃、大声吼叫、有些粗鲁的营指挥官？作为一个非常不错的人，瓦格纳只是太善良，他惯于自我反省，对自己的各种举动都考虑太多，最后在 2008~2009 年间目睹了公司的大动荡。

我必须补充一下，如果不是因为次级房贷的灾难、加上燃气价格超过 4.25 美元达到峰值，使得每家公司的销售量都下跌 50%，那么通用其实可以安稳得挺过 2013 年。通用甚至还准备了一个应对“普通”水平经济衰退状况的方案，只是这一次可不是普通的衰退。在过去的几年里，通用设计了一批非常棒的轿车和卡车，包括雪佛兰三兄弟——爱唯欧、科鲁兹、斯帕克，还有革命性的沃蓝达，这些车子都在里克·瓦格纳的精心照料之下。大众媒体不知道汽车从订购到交货需要多长时间，还把这些都归功于奥巴马选出来的董事会和员工团队，认为这是他们的功劳。我比你们更明白真相!

在“和平时期”，里克·瓦格纳绝对是一个完美的CEO。他有无懈可击的战略，本来可以取得更大的成功，可惜时机不对、运气不佳，臃肿的通用公司成本居高不下，公司文化呆板陈腐，让他无计可施。

我真希望他能留下来。

结语

领导者，有好有坏。

什么可以给领导者加分？

领导者是能够带来变革的人，他需要创造一种新气象，创造一种在自己看来会更好的环境。(我可以去钻研一下什么是差劲的领导者，但是我不愿意去做，因为那些人具备了领导者的品质，却用来做坏事。阿道夫·希特勒就是我首先想到的其中之一，但是在历史上、在当代社会中，还有更多这样的人)。

领导者通常都具备一定的能力，要么能说，要么能写，都可以让其他人确信自己是一个理智、优秀的人，从而让他们来为自己工作，完成目标。有些领导者在这方面特别高出常人，就像一个演说家一样，遣词造句都很精准，说话还特别有韵律，几乎能给催眠洗脑。美国总统贝拉克·奥巴马就是这样的人，甚至他最忠诚的粉丝都不得不承认，他演讲内容的水平通常赶不上他演讲的艺术水平。善于操控感情一定能为领导才能加分，有技巧、有操控力、善于煽动别人的政客，可以让追随者们为他而狂热，以至于可以让他们抑制住自己的批判，对自己言听计从，毫不质疑。有了任何一种领导者的特性之后，这种可以教唆、鼓动、劝阻及让别人为自己效忠的能力，就有可能让人走向极端。应当有一种警示语，叫做“当心救世主”，来让大家保持警惕，但是估计这也没有用。很多人都会成为演说家的奴隶，乐于让人来主宰自己的命运。

善于组织口头和书面语言，并有效地将其传递给他人，对领导者的成功至关重要。原因只有一个，那就是如果没有这种能力，领导就无法被称为领导。看看我们的政治选举过程就知道，成功的关键是“他或她在电视上看起来如何、听上去怎样”。

成为一个积极、有效、值得信任的领导者，其必要条件之一就是讲诚信，这是诚实的好领导者与爱操控别人的狂热领导者最大的区别，因为后者往往会为了一个错误的理由而在错误的地方做错误的事情。这里所谓的讲诚信，首先是指尊重法律、法规、各项制度以及特定范围内不成文的道德规范，做事要公平公正，对下属要一碗水端平，而不是通过鼓励下属彼此进行争斗或分化下属的方式来巩固自己的权力；同时培养下属要在心智上的成熟度，始终清晰地传递出这样的信息——赢要赢得光明磊落。讲诚信的领导者，从来不说“我们本来不应该这么做，但是我怕有人会发现，所以我计划这样做”之类的话。

坦率也属于讲诚信的一个方面，但是情况会很复杂。领导者做事是为了实现自己的目标或被要求完成某事，但是如果在每一个关键时刻都把真言吐露出来，往往会事与愿违，甚至会损害自己的竞争力。领导有方的人往往懂得守住秘密，养成防范泄密的好习惯，并要求下属也照着做。可以说一些诸如“我现在不能说，以后会告诉”这样的话，以此明确地来转移话题，让别人知趣地走开，但不应该总是欺骗他人，或者故意说一些误导人的信息，这两种做事方式之间是有差别的。可惜，不是所有成功的领导者都是讲诚信的人，也不是所有的高层领导者都有足够的诚信度，读者到现在应该已经都看到了。

足够的勇气是成为优秀领导者的重要基础。如前文所述，领导者要引导变革，创造新的环境，这些都不是没有风险的。战场上的领导者必须占领高地或者夺取要塞，这通常都会伴随着大量的人员伤亡。有效的战斗指挥官要隐藏自己内心的恐惧，做出冷静和自信的样子，让下属在最好的状态中迎战。用老百姓的话说，“风险”肯定是有的，但是后果并不一定那么可怕，但是如果你失败了，你就会失去你的名誉、别人对你的信任、你的奖金，甚至你的工作。好的领导者会进行风险评估，一旦确认这件事值得冒险，就要开始行动。很多“有名无实”或“在其位不谋其政”的领导者（他们都只是喜欢高高在上的感觉，但是没有做领导者的能力）就做不到：他们把大量的时间和精力用于识别和降低风险，到最后却什么行动都没有。普通的公司里有很多这样的领导者。成功的企业里则一个都没有，因为他们明白“不入虎穴焉得虎子”的普遍真理。

大多数（不是全部）成功的领导者都有自己特定的风格。不管身材高矮，长得帅不帅，天生的领袖都有这种我们称之为“领袖气质”的东西（诚然，这也是可以通过后天的经历和训练获得的）。这是一种我们能感觉和体验到的东西，但是很难描述出来。就是有这样的人，每次他一进来，不管房间里有多么挤，也不需要虚张声势的叫嚷、吹嘘或者其他做作的行为，都能立刻被大家注意到。法国总统戴高乐就是这样的人，当然他确实本来就长得威风凛凛，但不管是他的穿着打扮还是他的一举手一投足，甚至连他走路的快慢之间都散发出了领袖气质，走到哪里（不管人们热情欢呼还是静静等待），哪里就被他的气场所控制。所有的军队都希望军官具有“元帅气质”，但是这种东西不一定非要用军事语言来描述。阿尔伯特·爱因斯坦尽管平时蓬头垢面而且身体很差，但也有这种气质。美国前总统罗纳德·里根具有一种神秘的气质，他身上缺乏军营里的正直之气，但其温暖、友善、聪慧的商人风度补充了这一点。已故通用前董事长兼CEO罗杰·史密斯，在公司表现最差的时期掌管大权，他就不是一个名符其实的好领导者，脸色红润，身材矮小，天生嗓音高而尖，整天唧唧喳喳，一点领袖气质都没有。但是他的领导风格很强硬，经常冒很大的风险做事情（其中有很多是在犯傻），不能容忍他人的意见（这是一种很危险的错误），总是超额花钱，导致通用开始走下坡路。

这种元帅气质或者领导人式的外表，是能被学来的吗？一般来说，是可以的。海军陆战队和普通的军队（只是重视的程度不同）都是培养人的好地方。站得笔直、充满自信（而不是自负）的姿势，坚定的步伐，沉稳的表达，都是领导气质的一部分，当然眼神也很重要，既不能绝望地盯着某处，也不能瞟来瞟去，而是要冷静地扫视周围的环境，并不断对现场情况做出评估。在交谈时要用眼神交流，用稳重的声音讲话，而且要具备清晰但成熟的幽默感，这些都能增加领导气质。可惜，我们的学校不会教这些，他们更愿意传授“技巧”和“工具”，而不是传授领导者应具有的最基本的东西。

有效的领导者也要知道如何强硬——不是说在肢体上表现强硬，虽然肢体有时确实也能传达出情绪，增强领导力。当领导者要改变现状时，工作通常难以推进，下属也往往会不配合。够强硬，做事才能不降低标准，也不会因为下属的想法而改变纪律规定。自然的幽默和玩笑是可以的，但是领导者不能“沦为”下属的伙伴。领导者要管事，要承担责任，要为结果负责。强硬的领导者知道如何取得一种平衡，不对他人太严厉，也不过度严苛下属，不会为了告诉别人自己才是老大就大呼小叫，而是会不断地要求和催促他们为了目标前进，激发出下属们更多的能量，持续前进。

强硬同时会伴随着两种东西：一致性和关注性。好的领导者，其反应是可以被预测的，对待类似事情的做法是有章可循的，不会起伏不定。

好的领导者一定不能太多疑。下属们要感觉领导者是能够掌握大方向的，而不是一会儿这样一会儿那样，随心所欲。当然，不断地修正航线也很必要，但是每次更改都要给出合理的解释，告诉下属们为什么要改变。

领导者安排各种事情的优先度时，要有固定的模式，不能今天强调“不惜一切代价保住市场占有率”，明天又跟下属说“要减少市场部的预算，增加利润，我们必须完成对利润的预测工作”，否则大家会很难跟上你。当然了，一定程度的摇摆和变动，可以叫做战术性的演习，在工作中也是必不可少的，但是核心的战略不能变，因为这代表着“我要建立一个怎样的组织”。里克·瓦格纳就做得很好，决心推进中国业务的增长，就坚持到底，今天中国业务已经成为了通用的重要部分。菲尔·考德维尔也是如此，他的战略始终就是提高产品的质量和可靠性。对我而言，在汽车行业里，坚持提高产品的水平最重要，要让顾客真的想要买我的产品，而不是觉得我的产品仅仅能满足他的需要。

领导者的风格和方式也要灵活变化。好的领导者在发出指令时有一整套风格，随着情况的变化而变化。有的时候要有绝对的指挥和控制权，尤其是“危机”到来时。商场如战场，时间是关键，没人会给你充足的时间，让你跟大家说“我认为或者你认为”这样的话。领导者就是要做决定，下属就是要服从命令。有些领导者单单只有一种方式，也是有问题的，这些人在没有危机出现时基本上一无是处。而做事情深思熟虑的领导者在危机时刻会恳求下属多卖力，能依靠集体的力量完成目标。

但是，有太多的所谓领导者满足于舒适的安全感，因为决定都是大家一起做出的，自己说了不算。他们非常希望别人能为他们做事情。大公司会培养很多这种人，他们懂得如何妥协、倾听他人的意见、与他人分享、避免犯错，然后自己就能抢先一步坐上领导者的位子。这种风格多变或者性格有多面的领导者，就像一个优秀的演员，公司顺风顺水的时候，他可以跟下属一起分担，对人友善，为人慷慨又具有幽默感，同时也可以突然变得很强硬顽固，如果情况有变，就一定会拿出这种风格。如果普通的方式解决不了问题，领导者可以表达愤怒的情绪，不管是真的愤怒还是装出来的愤怒，都不失为一种有效的手段。好的领导者，做任何事情都要留有后手，知道自己有几张牌，知道什么时候出什么牌，当需要做出强硬姿态的时候，就要像那些强势的领导者一样顶上去。

许多优秀的领导者很有创新意识，天生就具有创新的能力，可以创造新情况和新环境。他们能清晰地预测未来，并描述给其他人听，把他们都变成自己的同伴。有创意的领导者总有新的、没有人试过的想法，带领大家越过可见和不可见的障碍，突破现实的阻碍，打破传统的束缚，克服各种困难。讲诚信、知道如何强硬、做事有一致性等，确实是领导者必备的能力，但是如果领导者没有创新意识，总爱关注各种分析，就要认识到变化、风险、新方法、实验、还有“我们为什么不……”之类的东西，也是不可或缺的，必须加强在此方面的能力培养。

很多领导者都具备上述的一些能力，但是没有领导者可以具备所有能力（人无完人，因为人性是脆弱而多变的），因此评价一个领导者，就要看他的长期表现。为什么要说“长期”呢？因为在公司、尤其是人事变动非常迅速的大公司里，一个人会很有可能是因为“走狗屎运”才有好的表现，上一任做得好，而自己接过了这个位子以后，即使什么都不做也不会差到哪里去。这种人在一两年的任期内能表现很好，但这并非他的功劳。而当他把各种功劳都揽到自己身上时，即使他根本没做什么，别人都会以为他特别棒，这种运气的效果就被增强了。我就见过这种“任何位子只做三个月”的混子，熟练地从一个岗位跳到另一个岗位，看上去是做得越来越好。我在公司内部认识了很多这样的人，他们处理“领导者的功劳”和实际“领导者的表现”的方式让我吃惊。但是，尽管常常是高层领导的宠臣，这些人在遇到没有见过、没有处理过的新情况和新困难时，就死得很快。一流的教科书、高档的专业词汇可帮不了他们，他们必须自己做出行动！通常情况下，他们自然都应付不来。如果一个人总是不吝付出、兑现承诺、在多种环境下的多次任务中都获得成功，那一定是很有天赋的卓越领导者。

每天工作快结束时，领导者的目标应该是呈现结果。在学校里，学生优秀与否、一个研究机构有没有名望，都要看他们的结果怎样。在军队里，没有在战场上造成不必要的损失，就是胜利。在商界，为股东创造了价值，能给公司带来利润、市场份额、声誉及长远前景的上升，就是胜利。在我们这个仍旧以私营企业为主的系统中，股东的价值是最重要的。能为股东带来价值的领导者就是好领导者，我们永远需要更多这样的领导者。

感谢无数对本书作出贡献的人。我忠实的行政助理艾米·金一如既往地做了大量跑腿的工作，以及校对、印刷、寄送和跟进。

南西·布里德洛夫，通用的退休行政助理，再次将我潦草的手写文件为出版社改成正确的字符。也因此，她成了本书的第一位读者，她的反馈非常宝贵，提供的不仅仅是编辑建议。

我的编辑约翰·科尔特斯，有才华并且很勤奋，是本书的日期数据核实者、事实核查者。他知道何时会发现冗长的内容，并巧妙地裁剪掉。

接下来是迪·艾伦，忠实的顾问和评论者，也是Portfolio出版社的一员，她的专业性和幽默感让这本书的出版轻松了不少。

我感谢他们的支持。

在商界，一切都可以被适当进行量化，甚至那些主观的、定性的、感情上的东西经过合理的简化，也能用一组数字表示出来（当然，这种结果往往会带有误导性）。为此，我用数字的形式对本书描述过的每一位领导者都进行了简单的概括。这里提到的领导品质都是我个人认为最重要的品质，我为每个品质都进行了加权，从 0 到 10，通过我个人的观点和判断进行打分。读者也许会在品质的选择和权重方面有自己独到的见解，我也附上了空白的评估表以方便读者自己进行评估，欢迎大家使用这些表格对你的领导者进行评估，不管这个领导者是你喜欢的还是讨厌的。如果你本身就是一位领导者，当然也可以让你的下属用这些表格评价自己。

那些曾经在我手下工作过的读者，也许愿意借此机会给我打打分。也许我也干不了几天，或者已经离死不远了，但是我觉得能得到一些有益的反馈总是好的。如果你给我正向的激励，我会乐于接受；但是如果你想骂我还指望我能接受的话，就最好骂我的时候至少在心里怀着一丝对我的感激之情！

乔治－安德烈·谢瓦拉茨

学者，军官，轻松当选本国总统。一个具有领袖气质、异常聪明、天生的领导人。

领导品质	等级 1–5	权重 1–10	得分
诚信度 名誉良好，诚实，可信	5	10	50
勇气 敢于冒风险，敢于与其他人不同，做事不会提早闪人	5	7	35
风格 有韧性，有领袖气质，有气场	5	5	25
沟通技巧 可以通过口头或书面语言影响他人	5	5	25
韧性 明确每个人的职责，不容忍表现差的下属	5	6	30
适应性 能根据环境的变化及时调整状态，根据需要选择做事方式	4	6	24
一致性与关注性 不会朝令夕改，不会让下属捉摸不透	4	5	20
对工作优先度的把握 坚持以战略目标为核心不动摇	5	8	40
创造力 善于创新，想象力丰富，能想出解决问题的新方法和新思路	5	7	35
工作表现 始终能高于最低标准，始终能兑现自己的承诺	5	10	50
总计	48		334

参谋军士唐纳德·朱斯托

强硬，永不退缩，经过战火洗礼的海军陆战队职业军人。通过他不断的努力，千百个各行各业的毛头小伙被训练成了世界上最有战斗力的部队中的一员。

领导品质	等级 1–5	权重 1–10	得分
诚信度 名誉良好，诚实，可信	5	10	50
勇气 敢于冒风险，敢于与其他人不同，做事不会提早闪人	5	7	35
风格 有韧性，有领袖气质，有气场	5	5	25
沟通技巧 可以通过口头或书面语言影响他人	4	5	20
韧性 明确每个人的职责，不容忍表现差的下属	5	6	30
适应性 能根据环境的变化及时调整状态，根据需要选择做事方式	2	6	12
一致性与关注性 不会朝令夕改，不会让下属捉摸不透	4	5	20
对工作优先度的把握 坚持以战略目标为核心不动摇	5	8	40
创造力 善于创新，想象力丰富，能想出解决问题的新方法和新思路	1	7	7
工作表现 始终能高于最低标准，始终能兑现自己的承诺	5	10	50
总计	41		289

罗伯特·瓦斯特勒

粗野，豪放，受过一般性的教育，他熟知通用公司内部的系统如何运作并为己所用。（他适应不了当今社会“禁止开政治上不正确的玩笑”的大环境。）

领导品质	等级 1–5	权重 1–10	得分
诚信度 名誉良好，诚实，可信	4	10	40
勇气 敢于冒风险，敢于与其他人不同，做事不会提早闪人	5	7	35
风格 有韧性，有领袖气质，有气场	3	5	15
沟通技巧 可以通过口头或书面语言影响他人	3	5	15
韧性 明确每个人的职责，不容忍表现差的下属	5	6	30
适应性 能根据环境的变化及时调整状态，根据需要选择做事方式	1	6	6
一致性与关注性 不会朝令夕改，不会让下属捉摸不透	4	5	20
对工作优先度的把握 坚持以战略目标为核心不动摇	4	8	32
创造力 善于创新，想象力丰富，能想出解决问题的新方法和新思路	1	7	7
工作表现 始终能高于最低标准，始终能兑现自己的承诺	4	10	40
总计	34		240

拉尔夫·梅森

从苦难的生活经历中接受教育的大块头，可笑（但很严厉）的酒鬼。然而，拉尔夫关注了最重要的事情，维护了通用及其股东的利益。

领导品质	等级 1–5	权重 1–10	得分
诚信度 名誉良好，诚实，可信	4	10	40
勇气 敢于冒风险，敢于与其他人不同，做事不会提早闪人	3	7	21
风格 有韧性，有领袖气质，有气场	3	5	15
沟通技巧 可以通过口头或书面语言影响他人	3	5	15
韧性 明确每个人的职责，不容忍表现差的下属	2	6	12
适应性 能根据环境的变化及时调整状态，根据需要选择做事方式	2	6	12
一致性与关注性 不会朝令夕改，不会让下属捉摸不透	3	5	15
对工作优先度的把握 坚持以战略目标为核心不动摇	3	8	24
创造力 善于创新，想象力丰富，能想出解决问题的新方法和新思路	2	7	14
工作表现 始终能高于最低标准，始终能兑现自己的承诺	4	10	40
总计	29		208

埃博哈德·冯·金海姆

这位有贵族血统的男爵不惜任何肮脏代价、用尽各种不良手段来完成任务。在他手下干活是不会让人一直感到开心的，但他却是汽车行业史上任期最长的CEO，把宝马从一个区域性汽车公司变成了一个全球性的奢侈品宫殿。

领导品质	等级 1–5	权重 1–10	得分
诚信度 名誉良好，诚实，可信	4	10	40
勇气 敢于冒风险，敢于与其他人不同，做事不会提早闪人	4	7	28
风格 有韧性，有领袖气质，有气场	4	5	20
沟通技巧 可以通过口头或书面语言影响他人	5	5	25
韧性 明确每个人的职责，不容忍表现差的下属	5	6	30
适应性 能根据环境的变化及时调整状态，根据需要选择做事方式	3	6	18
一致性与关注性 不会朝令夕改，不会让下属捉摸不透	5	5	25
对工作优先度的把握 坚持以战略目标为核心不动摇	5	8	40
创造力 善于创新，想象力丰富，能想出解决问题的新方法和新思路	3	7	21
工作表现 始终能高于最低标准，始终能兑现自己的承诺	5	10	50
总计	43		297

菲利普·考德威尔

这位禁酒主义者从来不碰诸如茶和咖啡一类的“兴奋剂”。几乎没有任何幽默感，也总是病态地喜欢公司内部供应的“福利”。但是不管你多不喜欢，他对产品质量和优异性的追求，赢得了大家对他永久的尊重。

领导品质	等级 1–5	权重 1–10	得分
诚信度 名誉良好，诚实，可信	3	10	30
勇气 敢于冒风险，敢于与其他人不同，做事不会提早闪人	3	7	21
风格 有韧性，有领袖气质，有气场	4	5	20
沟通技巧 可以通过口头或书面语言影响他人	3	5	15
韧性 明确每个人的职责，不容忍表现差的下属	4	6	24
适应性 能根据环境的变化及时调整状态，根据需要选择做事方式	2	6	12
一致性与关注性 不会朝令夕改，不会让下属捉摸不透	5	5	25
对工作优先度的把握 坚持以战略目标为核心不动摇	5	8	40
创造力 善于创新，想象力丰富，能想出解决问题的新方法和新思路	2	7	14
工作表现 始终能高于最低标准，始终能兑现自己的承诺	4	10	40
总计	35		241

哈罗德·A."里德"·保林

强硬，武断，不妥协，经常听不进别人的意见，也看不到别人的优点，他是那种坚持"如果测量不出来，那个东西就不存在"观点的人。给他干活就像重新走进海军陆战队新训营一样。我从他身上学到了最好的，也忍受了他最坏的。总之，他是一个成功的领导者。

领导品质	等级 1–5	权重 1–10	得分
诚信度 名誉良好，诚实，可信	4	10	40
勇气 敢于冒风险，敢于与其他人不同，做事不会提早闪人	5	7	35
风格 有韧性，有领袖气质，有气场	3	5	15
沟通技巧 可以通过口头或书面语言影响他人	3	5	15
韧性 明确每个人的职责，不容忍表现差的下属	5	6	30
适应性 能根据环境的变化及时调整状态，根据需要选择做事方式	2	6	12
一致性与关注性 不会朝令夕改，不会让下属捉摸不透	4	5	20
对工作优先度的把握 坚持以战略目标为核心不动摇	5	8	40
创造力 善于创新，想象力丰富，能想出解决问题的新方法和新思路	2	7	14
工作表现 始终能高于最低标准，始终能兑现自己的承诺	5	10	50
总计	38		271

李·艾柯卡

无疑是美国工业史上最有权势、最有领袖气质、最成功的领导者之一，他内心深处有着一丝不安全感，但是他巧妙地隐藏了起来。他是行动派，有激情，够专注。他具备很多的技能，以至于后来我发现自己总是会说这样的话："如果李·艾柯卡在的话，这种事情就不会发生了。"

领导品质	等级 1–5	权重 1–10	得分
诚信度 名誉良好，诚实，可信	4	10	40
勇气 敢于冒风险，敢于与其他人不同，做事不会提早闪人	5	7	35
风格 有韧性，有领袖气质，有气场	5	5	25
沟通技巧 可以通过口头或书面语言影响他人	5	5	25
韧性 明确每个人的职责，不容忍表现差的下属	5	6	30
适应性 能根据环境的变化及时调整状态，根据需要选择做事方式	3	6	18
一致性与关注性 不会朝令夕改，不会让下属捉摸不透	3	5	15
对工作优先度的把握 坚持以战略目标为核心不动摇	4	8	32
创造力 善于创新，想象力丰富，能想出解决问题的新方法和新思路	5	7	35
工作表现 始终能高于最低标准，始终能兑现自己的承诺	5	10	50
总计	44		305

罗伯特·J. “鲍勃”·伊顿

在通用干了快一辈子，却成为了克莱斯勒的 CEO。领袖气质还不错，也有一定的气场，为人很友好。我给他做总裁的时候，他给了我巨大的支持。虽然在注定失败的与戴姆勒进行“两大巨头合并”事件中被狡诈的德国人玩弄得很惨，他仍然是为股东创造了巨大利益的人。这就是 CEO 应该做的事情。

领导品质	等级 1–5	权重 1–10	得分
诚信度 名誉良好，诚实，可信	4	10	40
勇气 敢于冒风险，敢于与其他人不同，做事不会提早闪人	3	7	21
风格 有韧性，有领袖气质，有气场	3	5	15
沟通技巧 可以通过口头或书面语言影响他人	3	5	15
韧性 明确每个人的职责，不容忍表现差的下属	2	6	12
适应性 能根据环境的变化及时调整状态，根据需要选择做事方式	3	6	18
一致性与关注性 不会朝令夕改，不会让下属捉摸不透	4	5	20
对工作优先度的把握 坚持以战略目标为核心不动摇	3	8	24
创造力 善于创新，想象力丰富，能想出解决问题的新方法和新思路	2	7	14
工作表现 始终能高于最低标准，始终能兑现自己的承诺	5	10	50
总计	32		229

亚瑟·M. 霍金斯

很难为他说什么好话，他为人有点“为恶事布道传教”的感觉。虽然在一个中等规模（25 亿美元）的埃克赛德技术公司担任 CEO，但是他引发了这一领域的很多大事：他的法律指控和判决发生不久后，更为公众熟知的安然等几个公司的欺诈案件就爆发了。

领导品质	等级 1–5	权重 1–10	得分
诚信度 名誉良好，诚实，可信	1	10	10
勇气 敢于冒风险，敢于与其他人不同，做事不会提早闪人	2	7	14
风格 有韧性，有领袖气质，有气场	4	5	20
沟通技巧 可以通过口头或书面语言影响他人	4	5	20
韧性 明确每个人的职责，不容忍表现差的下属	4	6	24
适应性 能根据环境的变化及时调整状态，根据需要选择做事方式	2	6	12
一致性与关注性 不会朝令夕改，不会让下属捉摸不透	1	5	5
对工作优先度的把握 坚持以战略目标为核心不动摇	1	8	8
创造力 善于创新，想象力丰富，能想出解决问题的新方法和新思路	1	7	7
工作表现 始终能高于最低标准，始终能兑现自己的承诺	1	10	10
总计	21		130

G. 理查德·“里克”·瓦格纳

要说教育经历、身份背景、脾气性格、身材外貌，他几乎是一个完美的CEO。他努力打造一个全新的、更灵活的通用公司，还帮助通用进入中国，这些事情都引起了巨大的风波和争议，但是他凭借优雅、公平、富于同情心的做事风格从容而及时地完成了目标，同时在面对强敌时表现出了应有的强硬态度。有些人认为他差劲，只是因为不清楚他到底做过哪些好事罢了。

领导品质	等级 1–5	权重 1–10	得分
诚信度 名誉良好，诚实，可信	5	10	50
勇气 敢于冒风险，敢于与其他人不同，做事不会提早闪人	3	7	21
风格 有韧性，有领袖气质，有气场	5	5	25
沟通技巧 可以通过口头或书面语言影响他人	4	5	20
韧性 明确每个人的职责，不容忍表现差的下属	2	6	12
适应性 能根据环境的变化及时调整状态，根据需要选择做事方式	3	6	18
一致性与关注性 不会朝令夕改，不会让下属捉摸不透	2	5	10
对工作优先度的把握 坚持以战略目标为核心不动摇	4	8	32
创造力 善于创新，想象力丰富，能想出解决问题的新方法和新思路	3	7	21
工作表现 始终能高于最低标准，始终能兑现自己的承诺	3	10	30
总计	34		239

领导品质	等级 1–5	权重 1–10	得分
诚信度 名誉良好，诚实，可信			
勇气 敢于冒风险，敢于与其他人不同，做事不会提早闪人			
风格 有韧性，有领袖气质，有气场			
沟通技巧 可以通过口头或书面语言影响他人			
韧性 明确每个人的职责，不容忍表现差的下属			
适应性 能根据环境的变化及时调整状态，根据需要选择做事方式			
一致性与关注性 不会朝令夕改，不会让下属捉摸不透			
对工作优先度的把握 坚持以战略目标为核心不动摇			
创造力 善于创新，想象力丰富，能想出解决问题的新方法和新思路			
工作表现 始终能高于最低标准，始终能兑现自己的承诺			
总计			

领导品质	等级 1–5	权重 1–10	得分
诚信度 名誉良好，诚实，可信			
勇气 敢于冒风险，敢于与其他人不同，做事不会提早闪人			
风格 有韧性，有领袖气质，有气场			
沟通技巧 可以通过口头或书面语言影响他人			
韧性 明确每个人的职责，不容忍表现差的下属			
适应性 能根据环境的变化及时调整状态，根据需要选择做事方式			
一致性与关注性 不会朝令夕改，不会让下属捉摸不透			
对工作优先度的把握 坚持以战略目标为核心不动摇			
创造力 善于创新，想象力丰富，能想出解决问题的新方法和新思路			
工作表现 始终能高于最低标准，始终能兑现自己的承诺			
总计			

领导品质	等级 1–5	权重 1–10	得分
诚信度 名誉良好，诚实，可信			
勇气 敢于冒风险，敢于与其他人不同，做事不会提早闪人			
风格 有韧性，有领袖气质，有气场			
沟通技巧 可以通过口头或书面语言影响他人			
韧性 明确每个人的职责，不容忍表现差的下属			
适应性 能根据环境的变化及时调整状态，根据需要选择做事方式			
一致性与关注性 不会朝令夕改，不会让下属捉摸不透			
对工作优先度的把握 坚持以战略目标为核心不动摇			
创造力 善于创新，想象力丰富，能想出解决问题的新方法和新思路			
工作表现 始终能高于最低标准，始终能兑现自己的承诺			
总计			